ORGULLOSOS DELS NOSTRES COLORS
ORGULLOSOS DE NUESTROS COLORES
PROUD OF OUR COLOURS

BARÇA

Aquest llibre no hauria estat possible sense la col·laboració i la implicació dels jugadors, entrenadors i membres de l'*staff* tecnic, mèdic i auxiliar del primer equip de futbol del Futbol Club Barcelona, els quals han dipositat tota la confiança en l'excel·lent feina del fotògraf Miguel Ruiz.

Este libro no habría sido posible sin la colaboración y la implicación de los jugadores, entrenadores y miembros del *staff* técnico, médico y auxiliar del primer equipo de fútbol del Fútbol Club Barcelona, quienes han depositado toda su confianza en el excelente trabajo del fotógrafo Miguel Ruiz.

This book would not have been possible without the cooperation and involvement of the players, coaches and members of the technical, medical and auxiliary staff of Futbol Club Barcelona's football first team, who have placed their unreserved trust in the excellent work of the photographer Miguel Ruiz.

Angle Editorial
Muntaner, 200, àtic 8a / 08036 Barcelona
T. 93 363 08 23 / angle@angleeditorial.com

Maquetació: Cristina Serrano

Primera edició: novembre 2012
ISBN: 978-84-15695-11-0
ISBN: 978-84-15088-66-0
Dipòsit legal: B-29020-2012
Imprès per Agpograf

ORGULLOSOS DELS NOSTRES COLORS
ORGULLOSOS DE NUESTROS COLORES
PROUD OF OUR COLOURS

BARÇA

Fotografies de / Fotografías de / Photographs by **Miguel Ruiz**
Textos de / Texts by **Ricard Torquemada**

FCBARCELONA PRODUCTE OFICIAL
Angle Editorial

Dono les gràcies a les dues dones que guien la meva vida: la meva mare M. Luisa i la meva filla Belén.
A Merche pel seu suport.
Als meus amics: Luisfer i Francesc Adelantado.
Per la seva col·laboració a: Beatriz Guzmán, César Cebolla, Álex Cid-Fuentes, Àlex Caparrós i Germán Parga.
A tots i cadascun dels jugadors, tècnics i *staff* per la seva confiança i amistat.
A cada treballador del Club pel tracte que em donen.

Doy las gracias a las dos mujeres que guían mi vida: mi madre Mª Luisa y mi hija Belén.
A Merche por su apoyo.
A mis amigos: Luisfer y Francesc Adelantado.
Por su colaboración a: Beatriz Guzmán, César Cebolla, Álex Cid-Fuentes, Àlex Caparrós y Germán Parga.
A todos y cada uno de los jugadores, técnicos y *staff* por su confianza y amistad.
A cada empleado del Club por su trato hacia mí.

I would like to thank the two women who guide my life: my mother, María Luisa, and my daughter, Belén.
Merche for her support.
My friends: Luisfer and Francesc Adelantado
For their collaboration: Beatriz Guzmán, César Cebolla, Álex Cid-Fuentes, Àlex Caparrós and Germán Parga.
Each and every player, coach and member of staff for their trust and friendship.
Every Club employee for the way they have treated me.

MIGUEL RUIZ

La temporada 2011-12 ha culminat l'extraordinària etapa de Pep Guardiola com a entrenador del Futbol Club Barcelona: han estat quatre anys d'un futbol innovador, brillantíssim i captivador, que ha portat el Barça a l'hegemonia mundial amb 14 títols de 19 disputats, entre ells dos Mundials de Clubs. Aquest equip ha esdevingut llegendari per la seva atractiva filosofia de joc, pel caràcter guanyador i pel respecte als valors de l'esport. La comunió entre equip tècnic, jugadors i afeccionats ha estat total en una etapa històrica que té possibilitats d'allargar-se, ara en mans de Tito Vilanova, en les pròximes temporades.
Com en els llibres anteriors Miguel Ruiz, fotògraf que ha acompanyat l'equip arreu del món, ha sabut captar amb enorme sensibilitat els bons i mals moments de la temporada.
Una part dels ingressos per la venda d'aquest llibre es destinarà a projectes de la Fundació del FC Barcelona.

La temporada 2011-12 ha culminado la extraordinaria etapa de Pep Guardiola como entrenador del Futbol Club Barcelona: han sido cuatro años de un futbol innovador, brillantísimo y cautivador, que ha llevado al Barça a la hegemonía mundial con 14 títulos de 19 disputados, incluidos dos Mundiales de Clubes. Este equipo se ha convertido en leyenda por su atractiva filosofía de juego, por su carácter ganador y por el respeto a los valores del deporte. La comunión entre equipo técnico, jugadores y aficionados ha sido total en una etapa histórica que tiene posibilidades de prolongarse, ahora en manos de Tito Vilanova, en las próximas temporadas.
Como en los libros anteriores Miguel Ruiz, fotógrafo que ha acompañado al equipo por todo el mundo, ha sabido captar con enorme sensibilidad los buenos y los malos momentos de la temporada.
Una parte de los ingresos por la venta de este libro se destinará a proyectos de la Fundación del FC Barcelona.

The 2011-12 season has been the culmination of Pep Guardiola's extraordinary period as coach of Futbol Club Barcelona: it has been four years of the most innovative, brilliant, captivating football that has led Barça to world dominance, with 14 trophies out of the 19 played for, including two Club World Cups. This team has become a legend for its philosophy of attractive play, winning character and respect for the values of the sport. The communion between coaching team, players and fans has been complete in a historic period which may go on in the coming seasons, now in the hands of Tito Vilanova.
As in previous books, Miguel Ruiz, a photographer who has accompanied the team around the world, has been able to capture the season's good and bad moments.
Part of the income from the sale of this book will go to FC Barcelona Foundation projects.

BARÇA ORGULLOSOS DELS NOSTRES COLORS
ORGULLOSOS DE NUESTROS COLORES
PROUD OF OUR COLOURS

01

El campió marca el territori

El campeón marca el territorio

The champions mark their territory

Els títols del Barça han canviat la rutina estiuenca a tots els aficionats blaugrana. L'equip ha passat de jugar tornejos de pretemporada a disputar finals en forma de Supercopes.

Aquesta temporada, la d'Espanya contra el Madrid, per allargar encara més la sèrie eterna de clàssics, i la d'Europa contra el Porto, que havia guanyat el triplet la temporada anterior. Sense gaire preparació, amb Alexis i Cesc acabats d'aterrar, el Barça va marcar el territori de campió contra un Madrid amb l'objectiu innegociable de destronar el rei. Després, a Mònaco, va sumar el «doblet de l'agost» davant el campió portuguès per consolidar el seu domini continental. La capacitat competitiva d'aquest grup el feia capaç de guanyar en diferents estats de forma, diferents escenaris i diferents moments de l'any. «Guanyar costa molt, però continuar guanyant encara costa més». Guardiola, un cop més il·luminant el camí, va donar valor al que s'havia fet i va advertir de la dificultat del futur. Els resultats mai no es poden garantir, però els equips escollits per a la glòria competeixen sempre per guanyar. Mai no descansen.

Los títulos del Barça han cambiado la rutina veraniega de todos los aficionados azulgrana. El equipo ha pasado de jugar torneos de pretemporada a disputar finales en forma de Supercopas.

Esta temporada, la de España contra el Madrid, para alargar aún más la serie eterna de clásicos, y la de Europa contra el Oporto, que había ganado el triplete la temporada anterior. Sin mucha preparación, con Alexis y Cesc recién aterrizados, el Barça marcó el territorio de campeón contra un Madrid con el objetivo innegociable de destronar al rey. Después, en Mónaco, sumó el «doblete de agosto» ante el campeón portugués para consolidar su dominio continental. La capacidad competitiva de este grupo lo hacía capaz de ganar en distintos estados de forma, distintos escenarios y distintos momentos del año. «Ganar cuesta mucho, pero seguir ganando todavía cuesta más». Guardiola, una vez más iluminando el camino, dio valor a lo que se había hecho y advirtió de la dificultad del futuro. Los resultados nunca se pueden garantizar, pero los equipos elegidos para la gloria compiten siempre para ganar. Nunca descansan.

Barça's trophy-winning has changed the summer routine of all the club's fans. Instead of pre-season tournaments, the team now plays Supercup finals.

This season, the Spanish one was against Madrid, extending the never-ending series of "classics" still further, and the European one was against Porto, who had won the treble the previous season. With little preparation and with Alexis and Cesc having only just arrived, Barça marked their territory as champions against a Madrid whose non-negotiable aim was to dethrone the kings. Then, in Monaco, they completed the "August double" against the Portuguese champion to consolidate their continental dominance. The competitive capacity of the group gave them the ability to win in different states of form, different settings and at different times of year. "Winning is hard but keeping on winning is even harder." Guardiola, lighting the way once more, valued what had already been done and warned how difficult the future would be. Results can never be guaranteed, but teams picked out for glory always compete to win. They never rest.

Les vacances ja són passat. Uns ho preparen tot, uns altres marquen el camí de l'entrenament i els jugadors comencen a suar. És el punt de sortida d'un viatge apassionant.

–

Las vacaciones ya son pasado. Unos lo preparan todo, otros marcan el camino del entrenamiento y los jugadores comienzan a sudar. Es el punto de partida de un viaje apasionante.

–

The holidays are over now. Some are getting everything ready, others are marking the way in training and the players are beginning to sweat. It's the starting point for an exciting journey.

NIKE
FOOTBALL
.COM
Qatar
Foundation

Qatar
Foundation

Qatar
Foundation

Patir, somriure, esforçar-se, compartir el treball i recuperar-se dels cops durs, com les lesions. En resum, conviure per posar les millors bases de cara als objectius de la temporada.

Sufrir, sonreír, esforzarse, compartir el trabajo y recuperarse de los golpes duros, como las lesiones. En resumen, convivir para poner las mejores bases de cara a los objetivos de la temporada.

Suffering, smiles, effort – sharing work and recovering from bitter blows like injuries. Ultimately, they are sharing experiences to lay the best foundations for pursuing the season's targets.

Ser una referència al món obliga a repartir el temps de la gira pels Estats Units. Mentre es va afegint càrrega de treball, l'agenda marca visites institucionals, com el cas de la Casa Blanca.

Ser una referencia en el mundo obliga a repartir el tiempo de la gira por los Estados Unidos. Mientras se va añadiendo carga de trabajo, la agenda marca visitas institucionales, como en el caso de la Casa Blanca.

Being a world leader means time has to be shared on the American tour. While the workload is stepped up, the schedule also includes institutional visits, like the one to the White House.

Qatar
Foundation

Més que una rutina, una il·lusió; més que un compromís, un privilegi. Saludar Kobe Bryant, Mia Hamm i Paolo Maldini o banyar-se amb dofins no es fa cada dia. El protocol també pot ser un somni.

–

Más que una rutina, una ilusión; más que un compromiso, un privilegio. Saludar a Kobe Bryant, a Mia Hamm y a Paolo Maldini o bañarse con delfines no se hace cada día. El protocolo también puede ser un sueño.

–

Excitement rather than routine, privilege rather than commitment. It's not every day you say hello to Kobe Bryant, Mia Hamm or Paolo Maldini or swim with dolphins. Protocol can also be a dream.

Cesc i Alexis viuen un dia especial, el de la seva presentació. El xilè, més Messi, Mascherano, Alves i Adriano són rebuts per l'equip després d'allargar les vacances a causa de la Copa Amèrica.

–

Cesc y Alexis viven un día especial, el de su presentación. El chileno, más Messi, Mascherano, Alves y Adriano son recibidos por el equipo después de alargar las vacaciones debido a la Copa América.

–

Cesc and Alexis experience a special day – their presentation. The Chilean, plus Messi, Mascherano, Alves and Adriano, are welcomed by the team after extending their holidays because of the Copa America.

Qatar
Foundation

MASCHERANO

DANI ALVES
Qatar
Foundation

LEO
Qatar
Foundation

Sense gaire temps d'entrenament, un altre clàssic a la Supercopa. Guardiola observa el joc, Villa celebra un gran gol al Bernabéu i Alexis tasta les sensacions del seu primer Madrid-Barça (2-2).
–
Sin mucho tiempo de entrenamiento, otro clásico en la Supercopa. Guardiola observa el juego, Villa celebra un gran gol en el Bernabéu y Alexis prueba las sensaciones de su primer Madrid-Barça (2-2).
–
With little time for training, another "classic" arrives, in the form of the Supercup. Guardiola watches the game, Villa celebrates a great goal in the Bernabéu and Alexis savours the sensations of his first Madrid-Barça (2-2).

14.08.11
Real Madrid 2 - Barça 2

El primer títol de la temporada, en joc al Camp Nou. Iniesta supera Casillas en el primer gol, Messi fa el segon mentre Cristiano ho contempla de genolls. El Barça revalida la Supercopa (3-2).

El primer título de la temporada, en juego en el Camp Nou. Iniesta supera a Casillas en el primer gol, Messi hace el segundo mientras Cristiano lo contempla de rodillas. El Barça revalida la Supercopa (3-2).

The first trophy of the season at stake in the Camp Nou. Iniesta gets the better of Casillas for the first goal and Messi scores the second, while Cristiano watches on his knees. Barça retain the Supercup (3-2).

17.08.11
Barça 3 - Real Madrid 2

La gespa és el primer escenari de la celebració. Piqué i Messi gaudeixen de l'èxit; Guardiola i Vilanova abracen Iniesta; Alves, Mascherano i els joves assaboreixen la copa amb il·lusió.

–

El césped es el primer escenario de la celebración. Piqué y Messi disfrutan del éxito; Guardiola y Vilanova abrazan a Iniesta; Alves, Mascherano y los jóvenes saborean la copa con ilusión.

–

The turf is the first setting for the celebration. Piqué and Messi enjoy the success; Guardiola and Vilanova hug Iniesta; Alves, Mascherano and the youngsters savour the trophy excitedly.

Qatar Foundation

Qatar Foundation
Estrella Damm
Estrella Damm

22.08.11
Barça 5 - SSC Napoli 0

L'ambició competitiva del Barça no descansa al trofeu Joan Gamper. L'equip fa un partit per emmarcar amb minuts per a tota la plantilla i goleja un rival de Champions, el Nàpols (5-0).

–

La ambición competitiva del Barça no descansa en el trofeo Joan Gamper. El equipo hace un partido para enmarcar con minutos para toda la plantilla y golea a un rival de Champions, el Nápoles (5-0).

–

Barça's competitive ambition does not take a day off for the Joan Gamper trophy. The team plays a match to remember, with the whole squad getting time on the pitch, thrashing a Champions League rival – Napoli (5-0).

El Barça fa un viatge conegut a Mònaco per jugar la Supercopa d'Europa contra el Porto. Messi celebra amb passió el primer gol, Cesc remata el segon (2-0). El segon títol, a la butxaca.

–

El Barça hace un viaje conocido a Mónaco para jugar la Supercopa de Europa contra el Oporto. Messi celebra con pasión el primer gol, Cesc remata el segundo (2-0). El segundo título, en el bolsillo.

–

Barça follow a well-trodden path to Monaco to play the European Supercup final against Porto. Messi celebrates the first goal passionately and Cesc finishes off the second (2-0). The second title in their pockets.

26.08.11
Barça 2 - FC Porto 0

FCB
Qatar Foundation

Mònaco / 26.08.11

STADE LOUIS II

«Ens agrada guanyar. No hem perdut la gana.»

«Nos gusta ganar. No hemos perdido el hambre.»

"We like winning. We haven't lost the hunger."

(XAVI HERNÁNDEZ)

L'alegria, en dues dimensions. Una altra foto de família: Messi, Mascherano, Busquets i Pinto. Alves i Corbella (encarregat de material) s'associen per fer festa.

–

La alegría, en dos dimensiones. Otra foto de familia: Messi, Mascherano, Busquets y Pinto. Alves y Corbella (encargado de material) se asocian para la fiesta.

–

Joy in two dimensions. Another line-up: Messi, Mascherano, Busquets and Pinto with the trophy. Alves and Corbella (kit man) join in the party.

Cuenca, Fontàs, Thiago, Jonathan, Bartra i Oier gaudeixen de la Supercopa d'Europa al vestidor; Cesc comparteix el seu primer títol continental amb el president, Sandro Rosell.
–
Cuenca, Fontàs, Thiago, Jonathan, Bartra y Oier disfrutan de la Supercopa de Europa en el vestuario; Cesc comparte su primer título continental con el presidente, Sandro Rosell.
–
Cuenca, Fontàs, Thiago, Jonathan, Bartra and Oier enjoy the European Supercup in the dressing room; Cesc shares his first trophy with Sandro Rosell.

02

Sense pressa, sense pausa
Sin prisa, sin pausa
No hurry but no rest

Pas a pas, esglaó a esglaó. El Barça va començar la temporada amb golejades a casa i amb certes dificultats, però amb una gran regularitat com a visitant.

El Camp Nou va convertir-se en un parc d'atraccions futbolístic, on el Barça va mostrar la seva millor versió amb golejades com el 8-0 a l'Osasuna o els diversos 5-0 contra el Vila-real, l'Atlètic de Madrid, el Mallorca i el Llevant. En canvi, aquestes exhibicions van contrastar amb desplaçaments molt incòmodes, en què el Barça va cedir alguns punts que van fer que el Madrid governés la classificació. Tot i això, mai no va donar per perduda la Lliga, mentre avançava en la Champions amb gran autoritat. El seu creixement era sostingut i va pair amb maduresa la primera derrota. Quan va trobar el moment, va tornar a competir com els equips de llegenda en els grans escenaris, contra els grans rivals, en els grans dies. San Siro i una altra vegada el Bernabéu van rendir-se en dues nits especials, en què el Barça va guanyar el Milan (2-3) i el Madrid (1-3) amb dues grans obres futbolístiques: la millor targeta de presentació per viatjar a Tòquio i seduir el món.

Paso a paso, escalón a escalón. El Barça comenzó la temporada con goleadas en casa y con ciertas dificultades, pero con una gran regularidad como visitante.

El Camp Nou se convirtió en un parque de atracciones futbolístico, donde el Barça mostró su mejor versión con goleadas como el 8-0 a Osasuna o los diversos 5-0 contra el Villarreal, el Atlético de Madrid, el Mallorca y el Levante. En cambio, estas exhibiciones contrastaron con desplazamientos muy incómodos, en que el Barça cedió algunos puntos que hicieron que el Madrid gobernase la clasificación. Con todo, nunca perdió la cara a la Liga, mientras avanzaba en la Champions con gran autoridad. Su crecimiento era sostenido y encajó con madurez la primera derrota. Cuando encontró el momento, volvió a competir como los equipos de leyenda en los grandes escenarios, contra los grandes rivales, en los grandes días. San Siro y otra vez el Bernabéu se rindieron en dos noches especiales, en que el Barça ganó al Milan (2-3) y al Madrid (1-3) con dos grandes obras futbolísticas: la mejor tarjeta de presentación para viajar a Tokio y seducir al mundo.

Step by step. Barça began the season handing out thrashings at home and very consistently, although with some difficulties, away.

The Camp Nou played host to a football carnival, with Barça showing their best form, thumping Osasuna 8-0 and Villarreal, Atlético Madrid, Mallorca and Levante all 5-0. These exhibitions contrasted with very awkward away trips, where Barça gave away a few points, giving up control of the table to Madrid. However, they never lost face in the League, while progressing in the Champions League with great authority. Their growth was sustained and they put up a mature performance. When the time came, they once again competed with the legendary teams on the big stages; against the great rivals, on the great days. The San Siro and the Bernabéu paid homage on two special nights, when Barça beat Milan (3-2) and Madrid (3-1) with footballing works of art, providing the best visiting card for travelling to Tokyo and seducing the world.

FCB
Qatar
Foundation

29.08.11
Barça 5 - Villarreal 0

L'alegria d'Alexis i Messi en les golejades inicials a casa i de Villa pel seu gol al Milan contrasta amb la tristesa per la lesió d'Iniesta, a l'estrena de la Champions.

–

La alegría de Alexis y Messi en las goleadas iniciales en casa y de Villa por su gol al Milan contrasta con la tristeza por la lesión de Iniesta, en el estreno de la Champions.

–

Joy from Alexis and Messi in the early-season thrashings handed out at home, and from Villa for his goal against AC Milan, contrast with the sadness of Iniesta's injury in their first Champions League game.

13.09.11
Barça 2 - Milan 2

17.09.11
Barça 8 - Osasuna 0
LFP
10

24.09.11
Barça 5 - At. Madrid 0

28.09.11
BATE Borisov 0 - Barça 5

El Barça continua golejant contra l'Atlètic de Madrid i el BATE Borisov, però les lesions persegueixen sense remei la plantilla. Puyol llueix la samarreta que l'equip va dedicar a Afellay.

–

El Barça continúa goleando contra el Atlético de Madrid y el BATE Borisov, pero las lesiones persiguen sin remedio a la plantilla. Puyol luce la camiseta que el equipo dedicó a Afellay.

–

Barça continue scoring for fun against Atletico Madrid and BATE Borisov, but injuries pursue the squad mercilessly. Puyol shows of the shirt the team dedicated to Afellay.

2.10.11
Sporting de Gijón 0 - Barça 1

15.10.11
Barça 3 - Racing Santander 0

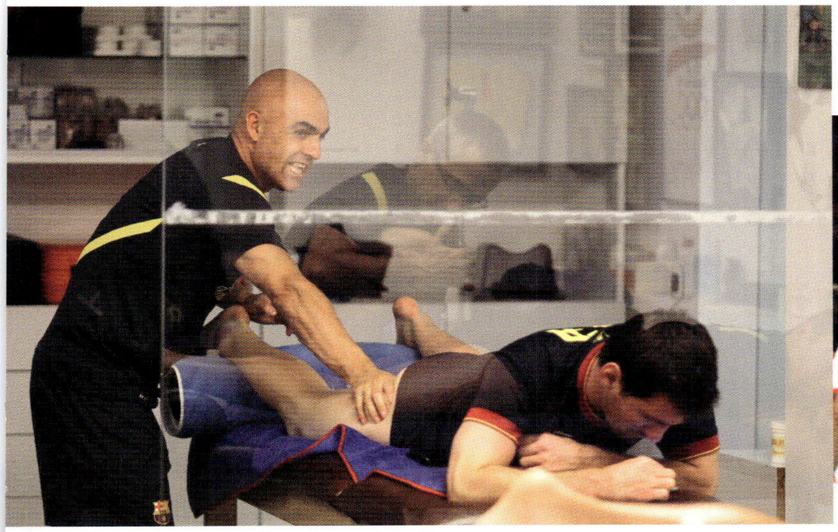

22.10.11
Barcelona 0 - Sevilla 0

25.10.11
Granada 0 - Barça 1

Guardiola i Vilanova intervenen amb passió; Puyol busca una pilota aèria amb intensitat; Brau cuida les cames de Messi; Keita disputa amb Fazio; Cuenca debuta amb el primer equip al camp del Granada.

–

Guardiola y Vilanova intervienen con pasión; Puyol busca un balón aéreo con intensidad; Brau cuida las piernas de Messi; Keita disputa con Fazio; Cuenca debuta con el primer equipo en el campo del Granada.

–

Guardiola and Vilanova intervene with passion; Puyol concentrates as he looks for a high ball; Brau looks after Messi's legs; Keita in a challenge with Fazio; Cuenca makes his first-team debut at Granada.

Audi
Qatar
Foundation
FCB

«No m'interessen els gols.
El que m'interessa és guanyar.»
«No me interesan los goles.
Lo que me interesa es ganar.»
"I'm not interested in goals.
What interests me is winning."

(LEO MESSI)

29.10.11
Barça 5 - Mallorca 0

Messi converteix allò extraordinari en ordinari amb la màxima naturalitat. Com marca el protocol del *hat-trick*, contra el Mallorca només en mitja hora, abandona el camp amb la pilota com a trofeu.

–

Messi convierte lo extraordinario en ordinario con la máxima naturalidad. Como marca el protocolo del *hat-trick*, contra el Mallorca sólo en media hora, abandona el campo con el balón como trofeo.

–

Messi makes the extra-ordinary ordinary in a way that seems perfectly natural. As hat trick protocol dictates, after achieving the feat against Mallorca in just half an hour, he leaves the field with the ball as a trophy.

6.11.11
Athletic Club 2 - Barça 2

1.11.11
Viktoria Plzen 0 - Barça 4

9.11.11
L'Hospitalet 0 - Barça 1

19.11.11
Barça 4 - Saragossa 0

L'alegria dels gols a la Champions amb Guardiola com a observador, la intensitat de la Lliga a San Mamés, el gol espectacular de Puyol contra el Saragossa i l'estrena a la Copa amb gol d'Iniesta.

–

La alegría de los goles en la Champions con Guardiola como observador, la intensidad de la Liga en San Mamés, el gol espectacular de Puyol contra el Zaragoza y el estreno en la Copa con gol de Iniesta.

–

The joy of Champions League goals with Guardiola as observer; the intensity of the League at San Mamés; Puyol's spectacular goal against Zaragoza, and the first Cup match, with Iniesta's goal.

El Barça conquereix una de les catedrals del futbol mundial, San Siro. Valdés demana concentració a l'equip, Puyol competeix amb el seu excompany Ibrahimovic i Xavi i Messi celebren un dels gols.

–

El Barça conquista una de las catedrales del fútbol mundial, San Siro. Valdés pide concentración al equipo, Puyol compite con su ex compañero Ibrahimovic y Xavi y Messi celebran uno de los goles.

–

Barça conquer one of the temples of world football: San Siro. Valdés demands concentration from the team; Puyol competes with his ex-teammate Ibrahimovic, and Xavi and Messi celebrate one of the goals.

23.11.11
Milan 2 - Barça 3

Qatar
Foundation
Qatar
Foundation
6

TITO
D'AQUESTA TAMBÉ
ENS EN SORTIREM

El record de Tito Vilanova, malalt, marca el partit contra el Rayo Vallecano. La mirada profunda d'Abidal i la seriositat en el gest de Valdés es converteixen en alegria amb els gols.

–

El recuerdo de Tito Vilanova, enfermo, marca el partido contra el Rayo Vallecano. La mirada profunda de Abidal y la seriedad en el gesto de Valdés se convierten en alegría con los goles.

–

The remembrance of the sick Tito Vilanova marks the match against Rayo Vallecano. Abidal's deep gaze and the seriousness of Valdés' gesture turn to joy with the goals.

29.11.11
Barça 4 - Rayo Vallecano 0

FCB
FCB

El ritual previ al Madrid-Barça al vestidor del Bernabéu. Guardiola transmet les últimes indicacions amb el suport de la pissarra i l'equip connecta amb la tensió competitiva en la pinya tradicional.

El ritual previo al Madrid-Barça en el vestuario del Bernabéu. Guardiola transmite las últimas indicaciones con el apoyo de la pizarra y el equipo conecta con la tensión competitiva en la piña tradicional.

The ritual before the Madrid-Barça game in the Bernabéu dressing room. Guardiola transmits the latest instructions using the board, and the team connects with competitive tension in the traditional group hug.

MESSI
10
unicef
ABIDAL
22
unicef

De la salutació prèvia entre Messi i Cristiano Ronaldo, amb mirades fugisseres, a l'explosió d'Alexis al Bernabéu coronada per la celebració del seu primer gol en un partit contra el Madrid.

Del saludo previo entre Messi y Cristiano Ronaldo, con miradas huidizas, a la explosión de Alexis en el Bernabéu coronada por la celebración de su primer gol en un partido contra el Madrid.

From Messi and Cristiano Ronaldo greeting one another beforehand with fleeting glances to Alexis' explosion at the Bernabéu, topped off with the celebration of his first goal in a match against Madrid.

Qatar Foundation
Qatar Foundation

Mahou

10.12.11
Real Madrid 1 - Barça 3

Xavi i Cesc, després d'un extraordinari cop de cap, gaudeixen dels gols que donen una altra victòria al Barça al Santiago Bernabéu. L'equip, immers en abraçades, ofereix l'èxit al grup d'aficionats blaugrana.

–

Xavi y Cesc, después de un extraordinario cabezazo, disfrutan de los goles que dan otra victoria al Barça en el Santiago Bernabéu. El equipo, inmerso en abrazos, ofrece el éxito al grupo de aficionados azulgrana.

–

Xavi and Cesc, after an extraordinary header, enjoy the goals that give Barça another victory in the Santiago Bernabéu. The team, immersed in hugs, offer the victory to the group of Barça fans.

La intimitat del vestidor del Bernabéu és l'escenari adequat per assaborir una victòria especial. Messi fa voleiar una tovallola i Abidal es fon en una abraçada de laterals esquerres amb Adriano.

–

La intimidad del vestuario del Bernabéu es el escenario adecuado para saborear una victoria especial. Messi voltea una toalla y Abidal se funde en un abrazo de laterales izquierdos con Adriano.

–

The intimacy of the Bernabéu dressing room is the right setting for savouring a special victory. Messi makes as if to volley a towel and Abidal melts into a left-backs-only hug with Adriano.

GUAJE

Seducció universal des del Japó
Seducción universal desde Japón
Worldwide seduction from Japan

Sense passar per casa. De l'enèsima conquesta del Bernabéu va volar cap a Tòquio per continuar fent història, i guanyar per segona vegada el Mundial de Clubs.

Els reptes han estat sempre una benzina de gran potència per a un equip que ha anat trencant marques, no com a objectiu sinó com a línia vital. El Santos de Ganso i Neymar es presentava com el principal obstacle, perquè el Barça havia fallat sempre contra els equips brasilers, São Paulo (1992) i Internacional de Porto Alegre (2006). Tot i la còmoda victòria contra l'Al-Sadd de Qatar a la semifinal (4-0), l'alegria va quedar apagada per una desgràcia inesperada, la greu lesió de Villa, que es va fracturar la tíbia. Sense davanters, amb tres defenses, amb Alves d'extrem dret i Thiago a l'esquerra, farcit de migcampistes i Messi de fals nou, el Barça va regalar una lliçó de futbol per aixecar el tercer títol de la temporada. Un cop més, l'actuació blaugrana va superar l'impacte d'un resultat contundent. «Perdre 4-0 contra el millor equip del món no és cap desgràcia». El tècnic del Santos, Muricy Ramalho, també es va rendir davant la seducció dels reis del futbol mundial.

Sin pasar por casa. De la enésima conquista del Bernabéu voló hacia Tokio para continuar haciendo historia, y ganar por segunda vez el Mundial de Clubes.

Los retos han sido siempre una gasolina de gran potencia para un equipo que ha ido rompiendo marcas, no como objetivo sino como línea vital. El Santos de Ganso y Neymar se presentaba como el principal obstáculo, porque el Barça había fallado siempre contra los equipos brasileños, São Paulo (1992) e Internacional de Porto Alegre (2006). Pese a la cómoda victoria contra el Al-Sadd de Qatar en la semifinal (4-0), la alegría quedó apagada por una desgracia inesperada, la grave lesión de Villa, que se fracturó la tibia. Sin delanteros, con tres defensas, con Alves de extremo derecho y Thiago a la izquierda, repleto de mediocampistas y Messi como falso nueve, el Barça regaló una lección de fútbol para levantar el tercer título de la temporada. Una vez más, la actuación azulgrana superó el impacto de un resultado contundente. «Perder 4-0 contra el mejor equipo del mundo no es ninguna desgracia». El técnico del Santos, Muricy Ramalho, también se rindió ante la seducción de los reyes del fútbol mundial.

Without even going home. From their umpteenth conquest of the Bernabéu they flew to Tokyo to carry on making history, winning the Club World Cup for the second time.

Challenges have always been a powerful fuel for a team that has always broken records, not as an aim but in the course of their normal work. Santos, with Ganso and Neymar, appeared to be the main obstacle, because Barça had always failed against Brazilian teams: Sao Paulo (1992) and Internacional de Porto Alegre (2006). Despite the comfortable victory against Al-Sadd of Qatar in the semi-final (4-0), their delight was clouded by an unexpected setback - the serious injury to Villa, who broke his tibia. Without strikers, with three defenders, with Alves on the right wing and Thiago on the left, a team stuffed full of midfielders and Messi as a false centre forward, Barça dealt out a football lesson to lift their third trophy of the season. Once again, Barça's performance overshadowed the impact of an overwhelming result. "Losing 4-0 against the best team in the world is no disgrace." The Santos coach, Muricy Ramalho, also surrendered to the seductive power of the kings of world football.

FIFA
JAPAN 2011

Els aficionats japonesos van ser molt generosos amb el Barça en el Mundial de Clubs a Yokohama. Adriano va ser un dels protagonistes de la semifinal contra l'Al-Sadd, on va fer dos gols com a extrem.

Los aficionados japoneses fueron muy generosos con el Barça en el Mundial de Clubes en Yokohama. Adriano fue uno de los protagonistas de la semifinal contra el Al-Sadd, donde hizo dos goles como extremo.

The Japanese fans were very generous with Barça in the Club World Cup in Yokohama. Adriano was one of the stars of the semi-final against Al-Sadd, scoring two goals as a winger.

Qatar
Foundation

Cames enlaire, imatges espectaculars. Messi remata de xilena i Iniesta es protegeix d'una entrada perillosa d'un jugador de Qatar. Keita i Pedro celebren el gol del malià en un gran escenari.

–

Piernas arriba, imágenes espectaculares. Messi remata de chilena e Iniesta se protege de una entrada peligrosa de un jugador de Qatar. Keita y Pedro celebran el gol del malí en un gran escenario.

–

Spectacular pictures, legs in the air. Messi finishes with an overhead kick and Iniesta protects himself from a dangerous challenge by a Qatari player. Keita and Pedro celebrate the Malian's goal on a big stage.

La lesió de Villa contra l'Al-Sadd és la protagonista desagradable abans de la gran final contra el Santos. Els aficionats i l'equip el tenen present en l'assalt a un nou repte: ser campions al Japó.

–

La lesión de Villa contra el Al-Sadd es la protagonista desagradable antes de la gran final contra el Santos. Los aficionados y el equipo le tienen presente en el asalto a un nuevo reto: ser campeones en Japón.

–

Villa's injury against Al-Sadd is the unpleasant headline before the big final against Santos. The fans and the team have it in mind when tackling a fresh challenge: becoming champions in Japan.

TOYOTA
VISA

がんばれ
GUAJE

FC Barcelona

Un gran dia per a la història del Barça i del futbol. Recital blaugrana contra el Santos amb una alineació amb només tres defenses, Alves d'extrem, Messi i una orquestra de migcampistes. Amb Villa al cor.

–

Un gran día para la historia del Barça y del fútbol. Recital azulgrana contra el Santos con una alineación con sólo tres defensas, Alves de extremo, Messi y una orquesta de mediocampistas. Con Villa en el corazón.

–

A great day in the history of Barça and football. A Barça recital of football against Santos, with a line-up including only three defenders, Alves on the wing, Messi and an orchestra of midfielders. With Villa in their hearts.

MUCHA
FUERZA
GUAJE
Coca-Cola
読売新

Qatar Foundation

MESSI

Dos gols de Messi, un de Xavi i un altre de Cesc per coronar el Barça com a campió del món, per segona vegada en la seva història. Abraçades, passió i eufòria en una nit màgica, especial i irrepetible (4-0).

–

Dos goles de Messi, uno de Xavi y otro de Cesc para coronar al Barça como campeón del mundo, por segunda vez en la su historia. Abrazos, pasión y euforia en una noche mágica, especial e irrepetible (4-0).

–

Two goals from Messi, one from Xavi and another from Cesc see Barça crowned world champions for the second time in their history. Hugs, passion and euphoria on a magical, special and unrepeatable night (4-0).

18.12.11

YOKOHAMA

«L'important és l'equilibri: aquí tots ataquem i tots defensem.»

«Lo importante es el equilibrio: aquí todos atacamos y todos defendemos.»

"The important thing is balance: here, we all attack and we all defend."

(ANDRÉS INIESTA)

Una vegada més Messi va aparèixer en la seva millor versió en els grans escenaris, desafiant els defenses i el porter brasilers. Piqué, Puyol i Cesc ensenyen la copa al món com a campions.

–

Una vez más Messi apareció en su mejor versión en los grandes escenarios, desafiando a los defensas y al portero brasileños. Piqué, Puyol y Cesc enseñan la copa al mundo como campeones.

–

Once again, Messi was on top form on a big stage, challenging the Brazilian defenders and goalkeeper. Piqué, Puyol and Cesc show off the world cup as champions.

Qatar
Foundation
FIFA

Foto de família amb la copa, els jugadors mantegen Guardiola com a tradicional homenatge i els tècnics Torrent, Planchart, Roura, Altimira i Cos escriuen «TITO», el nom de l'absent Vilanova, amb els dits.

Foto de familia con la copa, los jugadores mantean a Guardiola como tradicional homenaje y los técnicos Torrent, Planchart, Roura, Altimira y Cos escriben «TITO», el nombre del ausente Vilanova, con los dedos.

Line-up with the cup; the players throw Guardiola up in their traditional tribute to him, and the coaches Torrent, Planchart, Roura, Altimira and Cos write "TITO", the first name of the absent Vilanova, with their fingers.

THANK YOU JAPAN

El trofeu, de mà en mà. Dels encarregats del material Gabi, Ibarz i Corbella als porters amb el seu tècnic, Unzué; de Guardiola i Estiarte a Xavi, Puyol, Pedro i Cos, i a Cesc, Pedro, Piqué i Fontàs.

El trofeo, de mano en mano. De los encargados del material Gabi, Ibarz y Corbella a los porteros con su técnico, Unzué; de Guardiola y Estiarte a Xavi, Puyol, Pedro y Cos, y a Cesc, Pedro, Piqué y Fontàs.

The trophy goes from hand to hand. From the kit men Gabi, Ibarz and Corbella to the goalkeepers with their coach Unzué; from Guardiola and Estiarte to Xavi, Puyol, Pedro and Cos, or Cesc, Pedro, Piqué and Fontàs.

Qatar
Foundation
FIFA
13

Qatar
Foundation
17

FIFA

A l'hotel Guardiola s'adreça a l'equip. A l'aeroport del Prat, el capità, l'entrenador, el president i el secretari tècnic posen amb el trofeu. I a l'hospital, Villa rep la copa de mans dels seus companys.

–

En el hotel Guardiola se dirige al equipo. En el aeropuerto del Prat, el capitán, el entrenador, el presidente y el secretario técnico posan con el trofeo. Y en el hospital, Villa recibe la copa de manos de sus compañeros.

–

At the hotel, Guardiola addresses the team. At El Prat airport, the captain, the trainer, the chairman and the technical secretary pose with the trophy. And, in hospital, once he has had his operation in Barcelona, Villa receives the cup from the hands of his teammates.

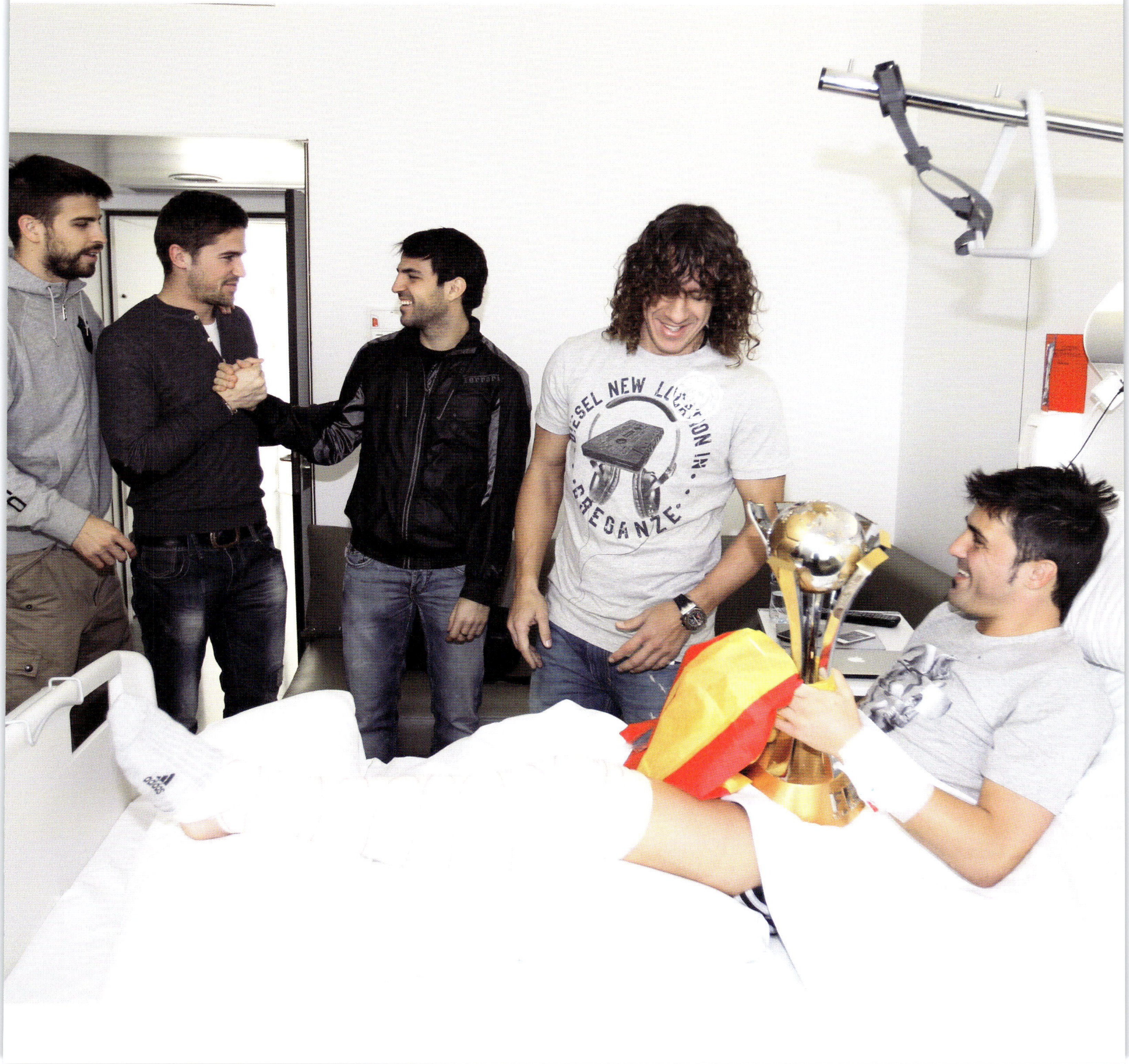
BREGANZE

04

Aconseguir èxits per sobre del resultat
Alcanzar el éxito más allá del resultado
Achieving success beyond the result

La grandesa d'aquest equip s'ha mesurat en els 14 títols de 19 disputats en quatre anys, però també en l'orgull que ha transmès als seus seguidors en la derrota.

Després de les vacances de Nadal, la Copa va portar una altra eliminatòria contra el Madrid, al qual l'equip de Guardiola va tornar a superar amb una nova victòria al Bernabéu (1-2) i un 2-2 al Camp Nou. I abans de la final, va tocar el València, que va endurir el gener. A la Lliga, en canvi, l'equip va mostrar alguns dubtes, rematats per la derrota al camp de l'Osasuna per 3-2, que va allunyar el Barça a 10 punts del líder. Però, com obliga el seu ADN, mentre golejava el Bayer Leverkusen a la Champions (1-3 i 7-1) i es plantava a la semifinal fent fora el Milan, mai no es va rendir i va sumar onze victòries consecutives al campionat. Així, va arribar la setmana decisiva de la temporada: a 4 punts del Madrid abans de rebre'l al Camp Nou i amb el Chelsea com a últim obstacle abans de la final de Champions. La «setmana tràgica» va suposar perdre els dos títols en set dies d'abril. Això sí, sense desprendre's de la seva personalitat, sense perdre l'orgull i amb el reconeixement blaugrana que s'aconsegueixen victòries més enllà dels resultats.

La grandeza de este equipo se ha medido en los 14 títulos de 19 disputados en cuatro años, pero también en el orgullo que ha transmitido a sus seguidores en la derrota.

Tras las vacaciones de Navidad, la Copa llevó a otra eliminatoria contra el Madrid, a quien el equipo de Guardiola volvió a superar con una nueva victoria en el Bernabéu (1-2) y un 2-2 en el Camp Nou. Y antes de la final, tocó el Valencia, que endureció enero. En la Liga, en cambio, el equipo mostró algunas dudas, rematadas por la derrota en el campo de Osasuna por 3-2, que alejó al Barça a 10 puntos del líder. Pero, como obliga su ADN, mientras goleaba al Bayer Leverkusen en la Champions (1-3 y 7-1) y se plantaba en la semifinal echando al Milan, nunca se rindió y sumó once victorias consecutivas en el campeonato. Así, llegó la semana decisiva de la temporada: a 4 puntos del Madrid antes de recibirlo en el Camp Nou y con el Chelsea como último obstáculo antes de la final de Champions. La «semana trágica» supuso perder los dos títulos en siete días de abril. Eso sí, sin desprenderse de su personalidad, sin perder el orgullo y con el reconocimiento azulgrana de que se consiguen victorias más allá de los resultados.

The greatness of this team has been measured by the 14 trophies out of the 19 played for in four years, but also by the pride they have transmitted to their supporters in defeat.

After the Christmas holidays, the Cup brought another tie against Madrid, who Guardiola's team overcame again with another victory at the Bernabéu (2-1) and a 2-2 draw in the Camp Nou. And, before the final, it was the turn of Valencia, who made January a tougher month. In the League, meanwhile, the team stuttered a little, culminating in the 3-2 away defeat at Osasuna, which put Barça 10 points behind the leader. But, compelled by their DNA, as they were thrashing Bayer Leverkusen in the Champions League (3-1 and 7-1) and putting themselves in the semi-final by knocking out AC Milan, they never gave up in the championship, stringing together eleven consecutive victories. So, the decisive week of the season arrived with Barça 4 points behind Madrid before hosting them in the Camp Nou and with Chelsea the last obstacle before the Champions League final. The "tragic week" meant two trophies were lost in seven days in April, but without shedding their personality, without losing their pride and with Barça recognising that victories can be achieved beyond results.

PEP

22.12.11
Barça 9 - L'Hospitalet 0

4.01.12
Barça 4 - Osasuna 0

8.01.12
Espanyol 1 - Barça 1

El Barça supera les eliminatòries de Copa contra l'Hospitalet i l'Osasuna, però una lesió torna a castigar Iniesta. A la Lliga, el Barça empata al camp de l'Espanyol en un partit disputadíssim.

–

El Barça supera las eliminatorias de Copa contra L'Hospitalet y Osasuna, pero una lesión vuelve a castigar a Iniesta. En la Liga, el Barça empata en el campo del Espanyol en un partido disputadísimo.

–

Barça come through ties against L'Hospitalet and Osasuna, but Iniesta is once again afflicted with injury. In the League, Barça draw at Espanyol in a hotly contested game.

Un Barça-Betis especial. Una samarreta per animar el lesionat Fontàs, l'oferiment a l'afició del Mundial de Clubs i la tercera Pilota d'Or de Messi i un gol clau d'Alexis per guanyar.

–

Un Barça-Betis especial. Una camiseta para animar al lesionado Fontàs, el ofrecimiento a la afición del Mundial de Clubes y el tercer Balón de Oro de Messi y un gol clave de Alexis para ganar.

–

A special Barça-Betis. A shirt to encourage the injured Fontàs; offering the Club World Cup and Messi's third Golden Ball to the fans, and a crucial goal by Alexis to win the match.

15.01.12
Barça 4 - Betis 2

Messi d'or
Messi de oro
Golden Messi

Messi guanya la tercera Pilota d'Or consecutiva i iguala la marca de Cruyff, Platini i Van Basten. Leo observa amb atenció tots els trofeus individuals i col·lectius exposats en una vitrina de casa seva.

–

Messi gana el tercer Balón de Oro consecutivo e iguala la marca de Cruyff, Platini y Platini. Leo observa con atención todos los trofeos individuales y colectivos expuestos en una vitrina de su casa.

–

Messi wins his third consecutive Golden Ball, equalling the record set by Cruyff, Platini and Van Basten. Leo attentively observes all the individual and team trophies displayed in a case at his home.

Els equips mèdic (Pruna i Medina), d'analistes tècnics (Planchart, Torrent i Roura) i de fisioterapeutes (Brau, Munill i Gironés) treballen amb intensitat en els seus escenaris particulars.

–

Los equipos médico (Pruna y Medina), de ojeadores (Planchart, Torrent y Roura) y de fisioterapeutas (Brau, Munill y Gironés) trabajan con intensidad en sus escenarios particulares.

–

The medical team (Pruna and Medina), scouting men (Planchart, Torrent and Roura) and physiotherapists (Brau, Munill and Gironés) work hard in their particular areas.

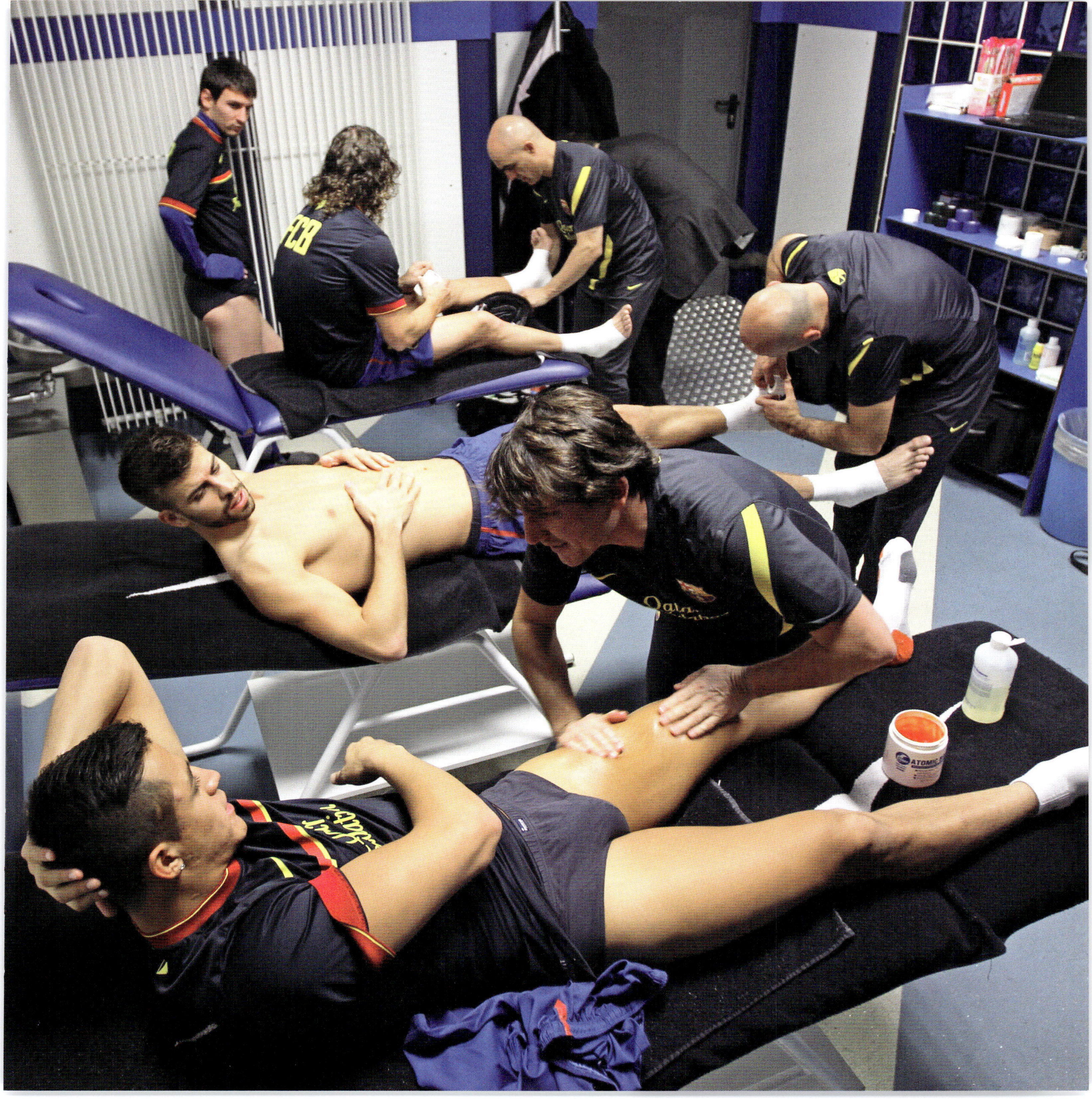
FCB
ATOMIC

Guardiola viu amb passió un altre capítol del Madrid-Barça a la Copa. Un gol de cap de Puyol i el regal d'un gol d'Abidal davant l'oposició de Carvalho signifiquen un altre assalt del Bernabéu.

–

Guardiola vive con pasión otro capítulo del Madrid-Barça en la Copa. Un gol de cabeza de Puyol y el regalo de un gol de Abidal ante la oposición de Carvalho significan otro asalto del Bernabéu.

–

Guardiola's passion shows as he experiences another chapter of the Madrid-Barça story in the Cup. A headed goal by Puyol and the gift of a goal to Abidal, challenged by Carvalho, mark another assault on the Bernabéu.

18.01.12
Real Madrid 1 - Barça 2

25.01.12
Barça 2 - Real Madrid 2

Alves celebra seu gran gol al Madrid al Camp Nou, després que Pedro hagués obert el marcador. Sempre és un luxe veure Cristiano Ronaldo i Messi a la mateixa jugada.

–

Alves celebra su gran gol al Madrid en el Camp Nou, después de que Pedro haya abierto el marcador. Siempre es un lujo ver a Cristiano Ronaldo y a Messi en la misma jugada.

–

Alves celebrates his great goal against Madrid at the Camp Nou, after Pedro has opened the scoring. It's always a luxury to see Cristiano Ronaldo and Messi in the same passage of play.

Foundation

1.02.12
Valencia 1 - Barça 1

8.02.12
Barça 2 - Valencia 0

11.02.12
Osasuna 3 - Barça 2

El Barça es classifica per a una altra final de Copa després de superar el València. En canvi, pateix a la Lliga una derrota dolorosa al camp de l'Osasuna en una nit gelada i desagradable.

El Barça se clasifica para otra final de Copa después de superar al Valencia. En cambio, sufre en la Liga una derrota dolorosa en el campo de Osasuna en una noche helada y desagradable.

Barça qualify for another Cup Final after overcoming Valencia. But they suffer a painful defeat in the League at Osasuna on a nasty, freezing night.

14.02.12
Bayer Leverkusen 1 - Barça 3

La Champions torna i el Barça encarrila el seu pas als quarts amb una victòria a Leverkusen, rematada per una nit històrica i màgica amb cinc gols de Messi.
–
La Champions vuelve y el Barça encarrila su clasificación para los cuartos de final con una victoria en Leverkusen, rematada por una noche histórica y mágica con 5 goles de Messi.
–
The Champions League returns and Barça set one foot in the quarter finals with victory at Leverkusen, topping it off with a historic, magical night with 5 goals from Messi.

7.03.12
Barça 7 - Bayer Leverkusen 1

La nova generació blaugrana
Nueva generación azulgrana
The new claret-and-blue generation

Christian Tello

Andreu Fontàs

Isaac Cuenca

Sergio Roberto

Martín Montoya

Marc Bartra

Marc Muniesa

Els més joves no es conformen amb ser el futur, sinó que aporten una gran contribució de present i assumeixen la responsabilitat en grans escenaris.

–

Los más jóvenes no se conforman con ser el futuro, sino que aportan una gran contribución de presente y asumen la responsabilidad en grandes escenarios.

–

The young players aren't settling for being the future, they are making a great contribution to the present and take responsibility on the big stages.

20.03.12
Barça 5 - Granada 3

L'ambició competitiva de Messi no té límits i devora rècords individuals sense treva. Tres gols contra el Granada el converteixen en l'hereu de César com a màxim golejador de la història del club en partits oficials.

–

La ambición competitiva de Messi no tiene límites y devora récords individuales sin tregua. Tres goles contra el Granada le convierten en el heredero de César como máximo goleador de la historia del club en partidos oficiales.

–

There is no limit to Messi's competitive ambition, and he smashes individual records with no mercy. Three goals against Granada make him the heir to César as the top goalscorer in the club's history in official matches.

BRAVIA
232 GOLS
BLAUGRANES
SONY

28.03.12
Milan 0 - Barça 0

El Barça es retroba amb el Milan als quarts de final de la Champions. Com Piqué amb Ibrahimovic, Rosell amb Galliani, Iniesta amb la transcendència del gol i Puyol amb la sensació de semifinalista.

–

El Barça se reencuentra con el Milan en los cuartos de final de la Champions. Como Piqué con Ibrahimovic, Rosell con Galliani, Iniesta con la trascendencia del gol y Puyol con la sensación de semifinalista.

–

Barça meet AC Milan again in the Champions League quarter final. Once again Piqué is face to face with Ibrahimovic; Rosell with Galliani; Iniesta with a vital goal and Puyol with the feeling of being a semi-finalist.

3.04.12
Barça 3 - Milan 1

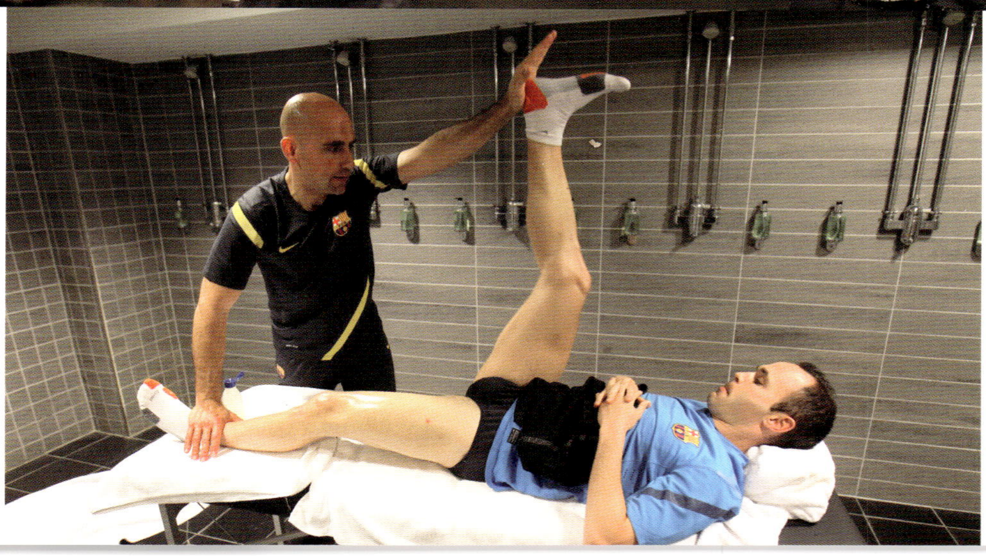

Londres rep el Barça amb afecte, mentre Guardiola prepara la pissarra, Ibarz ajusta les botes dels jugadors i Munill cuida els músculs d'Iniesta. El Chelsea i Drogba compliquen l'objectiu de la final.

–

Londres recibe al Barça con afecto, mientras Guardiola prepara la pizarra, Ibarz ajusta las botas de los jugadores y Munill cuida los músculos de Iniesta. El Chelsea y Drogba complican el objetivo de la final.

–

London welcomes Barça with affection; while Guardiola prepares the board, Ibarz adjusts the players' boots and Munill looks after Iniesta's muscles. Chelsea and Drogba make reaching the final more difficult.

18.04.12
Chelsea 1 -Barça 0

La Lliga en joc al Barça-Madrid. L'equip es reuneix per escoltar un missatge d'Abidal, després competeix amb orgull i, finalment, lamenta la derrota amb el cap alt d'un equip campió.
–
La Liga en juego en el Barça-Madrid. El equipo se reúne para oir un mensaje de Abidal, luego compite con orgullo y, finalmente, lamenta la derrota con la cabeza alta de un equipo campeón.
–
The League at stake between Barça and Madrid. The team meet to listen to a message from Abidal, then they compete with pride, and rue their defeat like champions, with their heads held high.

21.04.12
Barça 1 - Real Madrid 2

14
unicef

THIAGO
11
unicef

Hi ha imatges que podrien prescindir de les paraules. Els guanyadors pateixen amb les derrotes. Mascherano, Messi, Puyol, Iniesta, Thiago i Keita necessiten pair la decepció abans d'entrar a la dutxa.

–

Hay imágenes que podrían prescindir de las palabras. Los ganadores sufren con las derrotas. Mascherano, Messi, Puyol, Iniesta, Thiago y Keita necesitan digerir la decepción antes de entrar en la ducha.

–

There are pictures that need no words. Winners suffer when they lose. Mascherano, Messi, Puyol, Iniesta, Thiago and Keita need to digest their disappointment before going into the shower.

El barcelonisme viu una eliminació europea cruel. Els gols de Busquets i Iniesta conviden a la felicitat, l'abatiment de Messi al camp i dels companys al vestidor connecten amb la trista realitat.

–

El barcelonismo vive una eliminación europea cruel. Los goles de Busquets e Iniesta invitan a la felicidad, el abatimiento de Messi en el campo y de los compañeros en el vestuario conectan con la triste realidad.

–

Barcelona fans experience a cruel European elimination. Goals by Busquets and Iniesta are cause for celebration; Messi's desolation on the field and that of his teammates in the dressing room connect with the sad reality.

24.04.12
Barça 2 - Chelsea 2

Malgrat l'eliminació, els seguidors van ovacionar l'equip pel seu esforç i el seu joc.

–

Pese a la eliminación, la afición ovacionó al equipo por su esfuerzo y su juego.

–

Despite their elimination, the fans applauded the team for their effort and play.

Messi regala quatre gols a Guardiola, l'equip agraeix al tècnic quatre anys irrepetibles amb tots els rituals.
–
Messi regala cuatro goles a Guardiola, el equipo agradece al técnico cuatro años irrepetibles con todos los rituales.
–
Messi gives Guardiola four goals; the team thanks the coach for four unrepeatable years, with all the rituals.

5.05.12
Barça 4 - Espanyol 0

TELLO
37
SERGIO

Guardiola s'acomiada del Camp Nou contra l'Espanyol en una nit de maduresa social i esportiva.

–

Guardiola se despide del Camp Nou contra el Espanyol en una noche de madurez social y deportiva.

–

Guardiola says farewell to the Camp Nou against Espanyol on a night of institutional and sporting maturity.

MEM PE

05
COPA DEL REY
Qatar Foundation

El millor final per al millor guió
El mejor final para el mejor guión
The best ending for the best script

Sovint el futbol pica l'ullet als seus protagonistes. L'etapa de Guardiola al Barça, la millor de la història del club, va tancar el cercle a la final de Copa contra l'Athletic Club de Bilbao.

El millor relat mereixia el millor desenllaç i el va tenir (3-0). Curiosament, contra el mateix rival i en el mateix partit que van iniciar la sèrie de títols el 2009. No era una final més. El tècnic ja havia anunciat el seu adéu després d'aquest partit, que s'havia de jugar dotze dies després de l'últim de Lliga. Tot plegat era una situació absolutament atípica, però el Barça va tornar a demostrar que sap competir en qualsevol circumstància. Si va començar la temporada amb dues Supercopes amb poc entrenament, la va acabar amb una final de Copa amb el ritme de competició aturat. Tant li fa, el Barça va presentar un cop més la millor versió en el moment més convenient i va dominar la final des del primer segon. Al minut 3, guanyava amb un gol de Pedro; al 20, Messi va augmentar l'avantatge, i al 24 Pedro va rematar la feina sense que l'Athletic pogués reaccionar mai. L'equip va acomiadar Guardiola amb 45 minuts inigualables per tancar una etapa irrepetible.

A menudo el fútbol guiña el ojo a sus protagonistas. La etapa de Guardiola en el Barça, la mejor de la historia del club, cerró el círculo en la final de Copa contra el Athletic Club de Bilbao.

El mejor relato merecía el mejor desenlace y lo tuvo (3-0). Curiosamente, contra el mismo rival y en el mismo partido que iniciaron la serie de títulos en 2009. No era una final más. El técnico ya había anunciado su adiós tras este partido, que se tenía que jugar doce días después del último de Liga. Todo ello una situación absolutamente atípica, pero el Barça volvió a demostrar que sabe competir en cualquier circunstancia. Si empezó la temporada con dos Supercopas con poco entrenamiento, la terminó con una final de Copa con el ritmo de competición detenido. Tanto da, el Barça presentó una vez más la mejor versión en el momento más conveniente y dominó la final desde el primer segundo. En el minuto 3, ganaba con un gol de Pedro; en el 20, Messi aumentó la ventaja, y en el 24 Pedro remató la faena sin que el Athletic pudiese reaccionar nunca. El equipo despidió a Guardiola con 45 minutos inigualables para cerrar una etapa irrepetible.

Football often tips a wink at its leading figures. Guardiola's period at Barça – the best era in the club's history – closed the circle in the Cup Final against Athletic Club de Bilbao.

The best story deserved the best climax, and it got it (3-0). Strangely, it was against the same rival in the same match that started the series of trophy wins in 2009. It wasn't just another final. The coach had already announced he would be leaving after the game, which had to be played twelve days after the last League match. It was an absolutely extraordinary situation, but Barça once again demonstrated that they know how to compete in any circumstances. Beginning the season with two Supercups and very little training, they ended it with a Cup Final long after all other competitions had ended. It didn't matter. Once again, Barça were at their best at the just the right time and dominated the final from the first second. They were ahead in the third minute, with a goal from Pedro. On 20, Messi increased their lead and, on 24, Pedro finished the job. Athletic had no chance to come back. The team said its farewells to Guardiola with 45 unmatchable minutes to round off an unrepeatable era.

GF-20202
air

La litúrgia prèvia d'una final
La liturgia previa de una final
The pre-final liturgy

Guardiola prepara i executa la primera xerrada tècnica als jugadors amb el suport de les imatges editades pels analistes tècnics. És la primera aproximació al partit en una sala de l'hotel de concentració.

–

Guardiola prepara y ejecuta la primera charla técnica a los jugadores con el apoyo de las imágenes editadas por los ojeadores. Es la primera aproximación al partido en una sala del hotel de concentración.

–

Guardiola prepares and gives the first coaching talk to the players supported by images produced by the scouts. It's the first approach to the game in a room at the team hotel.

El tècnic comparteix taula amb el seu equip tècnic per dinar. Després de descansar a l'habitació, Guardiola fa el camí previ a l'últim partit com a entrenador del Barça.

–

El técnico comparte mesa con su equipo técnico para comer. Después de descansar en la habitación, Guardiola hace el camino previo al último partido como entrenador del Barça.

–

The coach shares the lunch table with his coaching team. After a rest in his room, Guardiola is on his way to his last match as Barça coach.

Els últims apunts abans del partit al vestidor del Calderón. Debat amb Vilanova alguns detalls tàctics, fa reunions individuals amb alguns jugadors com Pedro i remata amb la xerrada col·lectiva.

–

Los últimos apuntes antes del partido en el vestuario del Calderón. Debate con Vilanova algunos detalles tácticos, se reúne individualmente con algunos jugadores como Pedro y remata con la charla colectiva.

–

Final notes before the match in the Calderón dressing room. He debates tactical details with Vilanova, meets players, like Pedro, individually, and finishes it off with the team talk.

20.30 h

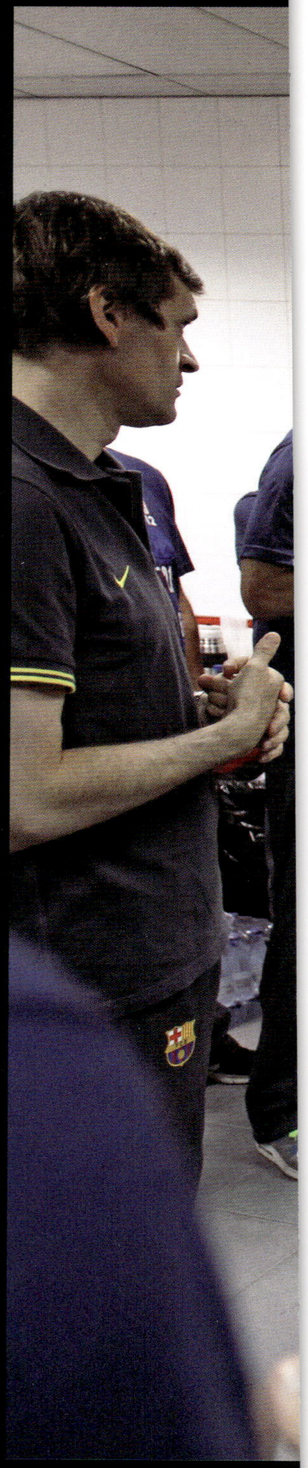

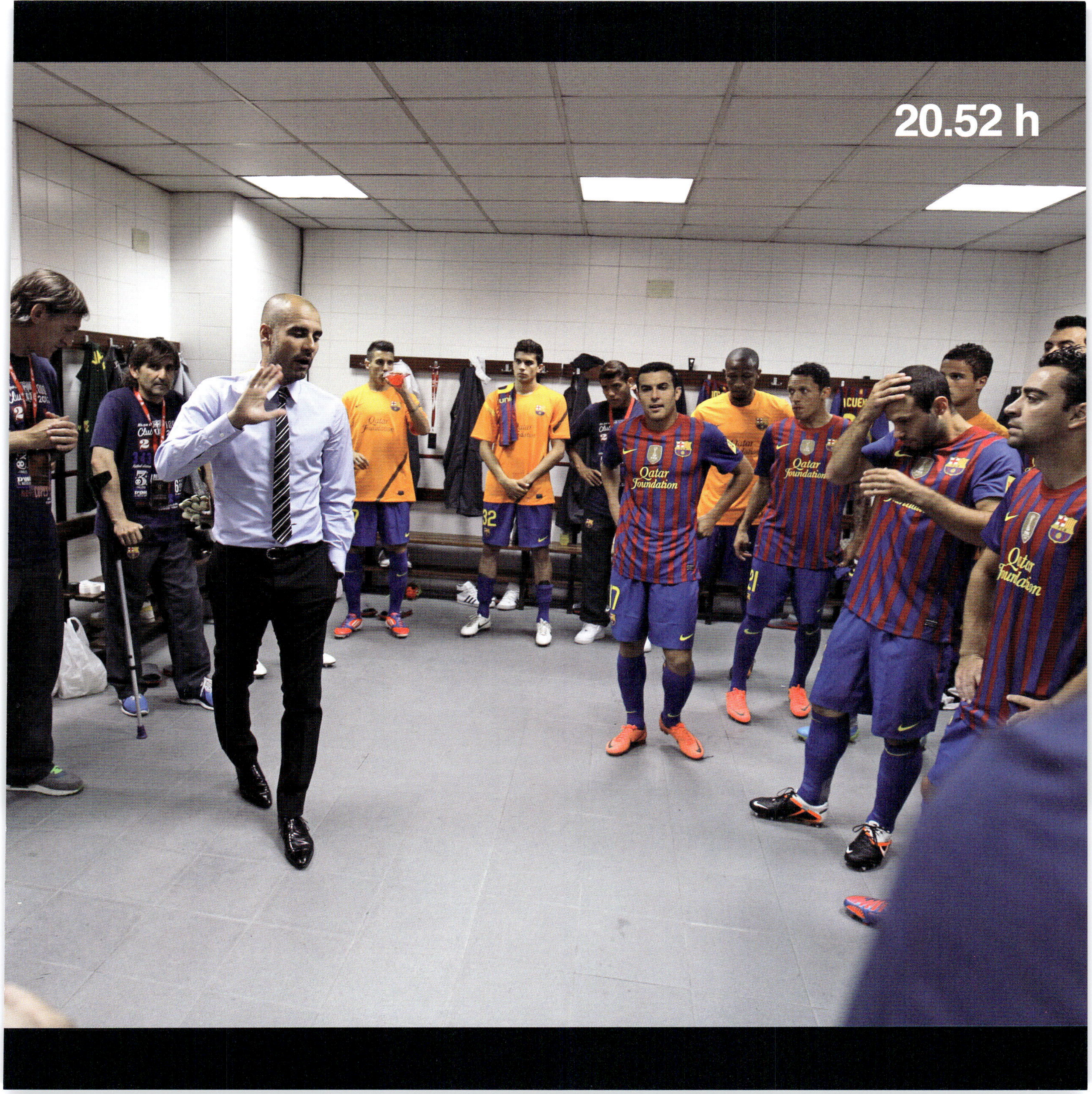

20.52 h

Messi remata amb la cama dreta i fa el 2-0 al minut 20, cosa que provoca l'explosió de la banqueta blaugrana després d'un inici immillorable de la final. Leo el celebra amb naturalitat.

Messi remata con la pierna derecha y hace el 2-0 en el minuto 20, lo que provoca la explosión del banquillo azulgrana después de un inicio inmejorable de la final. Leo lo celebra con naturalidad.

Messi finishes with his right foot and makes it 2-0 in the 20th minute, setting off an explosion on the Barça bench after a start to the final that couldn't be better. leo celebrates it quite naturally.

Qatar
Foundation

Pedro sentencia la final amb el 3-0, el seu segon gol del partit. El canari agraeix la passada de Xavi i és felicitat per l'equip. Xavi aixeca una Copa que arrodoneix una trajectòria d'èxit.

–

Pedro sentencia la final con el 3-0, su segundo gol del partido. El canario agradece el pase de Xavi y es felicitado por el equipo. Xavi levanta una Copa que redondea una trayectoria de éxito.

–

Pedro seals the final at 3-0, his second goal of the game. The Canary Islander thanks Xavi for his pass, and it's delight for the team. Xavi lifts a Cup that rounds off a success story.

COPA DEL REY
Qatar
Foundation

PEONES
L REY

Felicitat col·lectiva i individual. L'equip guanya la Copa del 2012, que passarà a la història com l'últim títol de l'etapa de Guardiola com a tècnic. Iniesta, Adriano i Pedro gaudeixen del moment.

–

Felicidad colectiva e individual. El equipo gana la Copa de 2012, que pasará a la historia como el último título de la etapa de Guardiola como técnico. Iniesta, Adriano y Pedro disfrutan del momento.

–

Collective and individual joy. The team wins the 2012 Cup, which will go down in history as the last trophy of Guardiola's time as coach. Iniesta, Adriano and Pedro enjoy the moment.

Madrid / 25.05.12

ESTADIO VICENTE CALDERÓN

«L'etapa de Guardiola no podia acabar millor.»

«La etapa de Guardiola no podía acabar mejor.»

"The Guardiola era could not have ended better."

(GERARD PIQUÉ)

Qatar Foundation

Fotos per al record al vestidor. Els porters amb Unzué, els joves, una conversa íntima entre Guardiola i Messi, Buenaventura i Cos i tres protagonistes de la final: Messi, Mascherano i Pinto.

–

Fotos para el recuerdo en el vestuario. Los porteros con Unzué, los jóvenes, una conversación íntima entre Guardiola y Messi, Buenaventura y Cos y tres protagonistas de la final: Messi, Mascherano y Pinto.

–

Photos as souvenirs in the dressing room. The goalkeepers with Unzué; the youngsters; an intimate conversation between Guardiola and Messi, Buenaventura and Cos and three leading figures in the final: Messi, Mascherano and Pinto.

Qatar

Primer a l'aeroport del Prat, on futbolistes i tècnics posen amb la junta directiva; després, al Camp Nou. El Barça tanca la temporada amb el quart títol de l'exercici i tant l'equip com el club volen assaborir una altra experiència guanyadora.

Primero en el aeropuerto del Prat, donde futbolistas y técnicos posan con la junta directiva; después, al Camp Nou. El Barça cierra la temporada con el cuarto título del ejercicio y tanto el equipo como el club quieren saborear otra experiencia ganadora.

First at El Prat Airport, where footballers and coaches pose with members of the board; then at the Camp Nou. Barça round off the season with their fourth trophy and both the team and the club want to savour another winning experience.

COPA DEL REI
FIFA

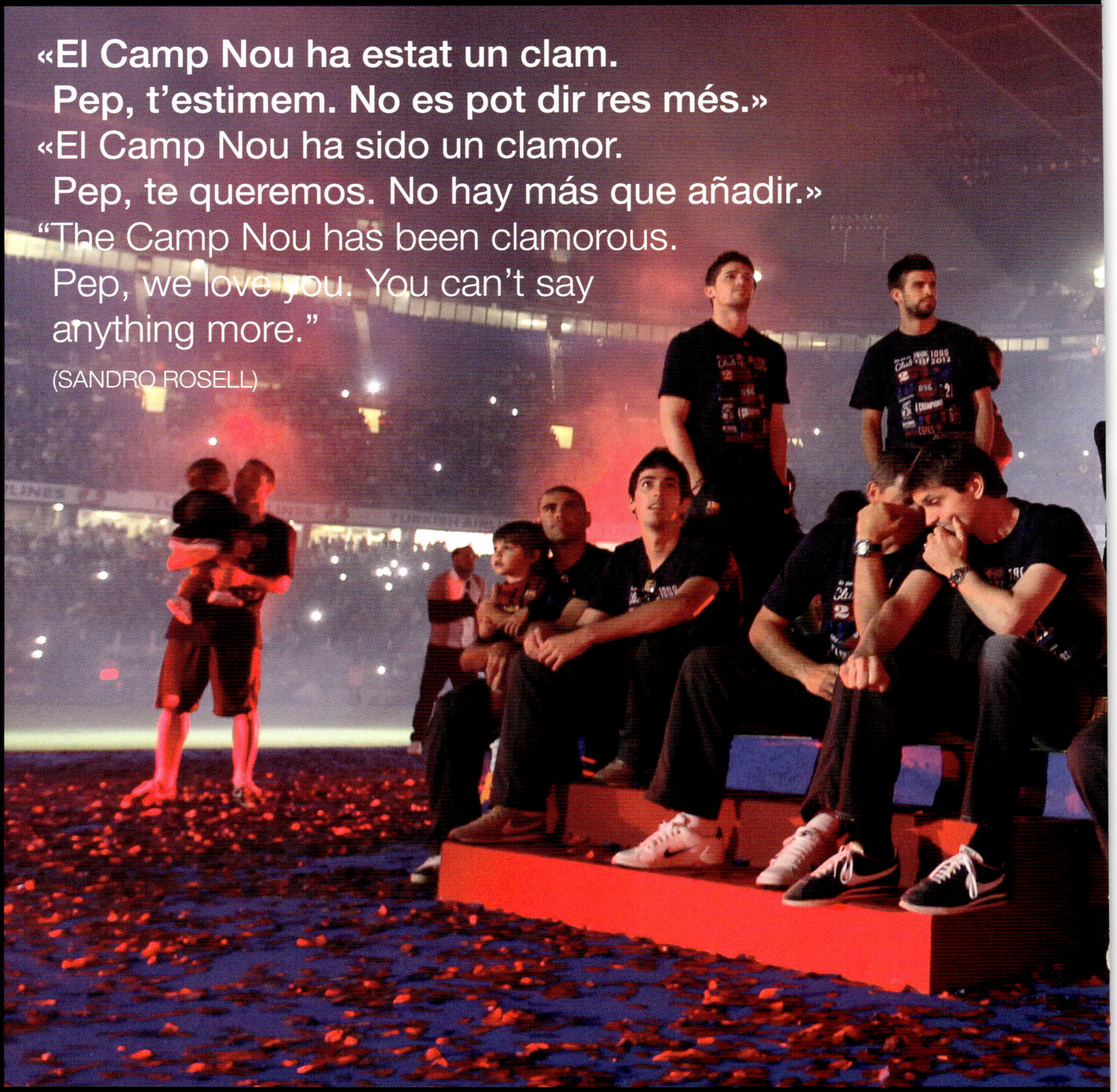
«El Camp Nou ha estat un clam.
Pep, t'estimem. No es pot dir res més.»
«El Camp Nou ha sido un clamor.
Pep, te queremos. No hay más que añadir.»
"The Camp Nou has been clamorous.
Pep, we love you. You can't say anything more."
(SANDRO ROSELL)

base: Tiendas de deporte
base: Botigues d'esport
COPA DEL REI

El Barça ofereix les quatre copes de la temporada en la festa de final de curs. Els capitans Puyol i Xavi, Jonathan i Tello, Pedro i Cesc i la parella tècnica del futur, Vilanova i Roura, en la volta d'honor.

El Barça ofrece las cuatro copas de la temporada en la fiesta de fin de curso. Los capitanes Puyol y Xavi, Jonathan y Tello, Pedro y Cesc y la pareja técnica del futuro, Vilanova y Roura, en la vuelta de honor.

Barça offer the season's four trophies at the final celebration. The captains Puyol and Xavi, Jonathan and Tello, Pedro and Cesc and the coaching pair of the future, Vilanova and Roura, on the lap of honour.

MÉS
Qatar Foundation
CAMPIONS

CAMPIONS
COPA DEL REI
CAMPIONS
COPA DEL REI
Estrella Damm
Qatar Foundation

L'últim dia de Guardiola al Camp Nou com a tècnic del Barça és amb un títol. Després de molts comiats, diu adéu amb discreció, fugint del protagonisme, entre amics i amb l'agraïment com a bandera.

–

El último día de Guardiola en el Camp Nou como técnico del Barça es con un título. Después de muchas despedidas, dice adiós con discreción, huyendo del protagonismo, entre amigos y con el agradecimiento como bandera.

–

Guardiola's last day at the Camp Nou as Barça coach comes with a trophy. After many farewells, he says goodbye discreetly, shunning the limelight, among friends and with gratitude as his watchword.

896
21
CHAMPIONS
D'OR
2009
6 TÍTOLS

06
HENRY

La història d'un somni fet realitat

La historia de un sueño hecho realidad

The story of a dream come true

«Qui més hi perd sóc jo, el cinturó pressionava molt i jo me'l descordo. Fins aviat, perquè a mi no em perdreu mai», va dir Guardiola per acomiadar-se de l'afició blaugrana.

Va ser el 5 de maig al Camp Nou, després que el Barça guanyés l'Espanyol per 4-0. Feia una setmana que havia anunciat que tancava quatre anys irrepetibles: 3 Lligues, 2 Copes, 2 Champions, 2 Mundials de Clubs, 2 Supercopes d'Europa i 3 Supercopes d'Espanya en un cicle que va arribar sense avisar i que es tancava amb una sensació de felicitat absoluta. No només ha estat el «què», també ha estat el «com». La combinació d'aquests dos elements ha convertit aquest equip en llegenda blaugrana, i en llegenda del futbol mundial. Guardiola va reforçar les conviccions futbolístiques que han marcat el camí des de fa 25 anys, les que ell va aprendre i va assumir com a mirada pròpia, i va fer evolucionar el model. No es va conformar amb l'essència, l'ús de la pilota com a mètode d'expressió, sinó que el va acompanyar d'una ambició, una disciplina i un sacrifici defensiu en la pressió que l'han convertit en referència planetària.

«Quien más pierde soy yo, el cinturón apretaba mucho y me lo desabrocho. Hasta pronto, porque a mí no me perderéis nunca», dijo Guardiola para despedirse de la afición azulgrana.

Fue el 5 de mayo en el Camp Nou, después de que el Barça ganase al Español por 4-0. Hacía una semana que había anunciado que cerraba cuatro años irrepetibles: 3 Ligas, 2 Copas, 2 Champions, 2 Mundiales de Clubes, 2 Supercopas de Europa y 3 Supercopas de España en un ciclo que llegó sin avisar y que terminaba con una sensación de felicidad absoluta. No sólo ha sido el «qué», también ha sido el «cómo». La combinación de estos dos elementos ha convertido a este equipo en leyenda azulgrana, y en leyenda del fútbol mundial. Guardiola reforzó las convicciones futbolísticas que han marcado el camino desde hace 25 años, las que él aprendió y asumió como mirada propia, e hizo evolucionar el modelo. No se conformó con la esencia, el uso del balón como método de expresión, sino que lo acompañó de una ambición, una disciplina y un sacrificio defensivo en la presión que le han convertido en referencia planetaria.

"I'm the one who's losing the most. The burden was heavy and I'm laying it down. See you soon, because you're never going to lose me," said Guardiola as he took his leave of the Barça fans.

It was 5 May at the Camp Nou, after Barça had beaten Espanyol 4-0. A week beforehand he had announced that he was ending four unrepeatable years: 3 Leagues, 2 Cups, 2 Champions Leagues, 2 Club World Cups, 2 European Supercups and 3 Spanish Supercups in a cycle that arrived without warning and went with a feeling of absolute joy. It wasn't just the "what", it was the "how". The combination of these two elements has made this team a claret-and-blue legend and a world football legend too. Guardiola reinforced the football convictions that have marked the way for 25 years – the ones he learned and accepted as his own view, developing the model. He didn't settle for the mere essence – the use of the ball as a means of expression – he accompanied it with the ambition, discipline and tough defensive pressing work that have made Barça into world leaders.

GRÀCIES PER
unicef

2008/2009

Un futbol de somni presideix la primera temporada de Guardiola com a tècnic. Somriures còmplices amb Messi, exhibicions futbolístiques irrepetibles com el 2-6 al Bernabéu amb el petó de Puyol al braçalet, vincles emocionals amb Estiarte i gols per a la història com el d'Iniesta contra el Chelsea a Stamford Bridge.

–

Un fútbol de ensueño preside la primera temporada de Guardiola como técnico. Sonrisas cómplices con Messi, exhibiciones futbolísticas irrepetibles como el 2-6 en el Bernabéu con el beso de Puyol al brazalete, vínculos emocionales con Estiarte y goles para la historia como el de Iniesta contra el Chelsea en Stamford Bridge.

–

Dream football dominates Guardiola's first season as coach. Intimate smiles with Messi; unrepeatable exhibitions of football, like the 6-2 win in the Bernabéu, with Puyol kissing the armband; emotional links with Estiarte and goals for history, like Iniesta's against Chelsea at Stamford Bridge.

PlayStati
HARRINGTO
GARDENS

Els títols coronen una temporada màgica en el fons i la forma. La final de Copa a Mestalla contra l'Athletic obre un guió somiat, mentre que la final de Champions a Roma contra el Manchester United remata un triplet històric amb el gol de cap de Messi davant la mirada resignada de Ferdinand. Guardiola viu una festa inoblidable al Camp Nou, on l'afició reconeix i recompensa una temporada de llegenda.

–

Los títulos coronan una temporada mágica en el fondo y la forma. La final de Copa en Mestalla contra el Athletic abre un guión soñado, mientras que la final de Champions en Roma contra el Manchester United remata un triplete histórico con el gol de cabeza de Messi ante la mirada resignada de Ferdinand. Guardiola vive una fiesta inolvidable en el Camp Nou, donde la afición reconoce y recompensa una temporada de leyenda.

–

Trophies crown a magical season all round. The Cup Final against Athletic de Bilbao begins a dream script, while the Champions League Final in Rome against Manchester United completes a historic treble, with Messi's headed goal, as Ferdinand looks on with resignation. Guardiola enjoys an unforgettable party in the Camp Nou, where the fans recognise and reward a legendary season.

Més que un equip, Guardiola construeix una família
Más que un equipo, Guardiola construye una familia
More than a team, Guardiola builds a family

El tècnic blaugrana valora les relacions humanes entre tots els membres del grup, que sempre celebren els triomfs amb rotllanes i pinyes. Comparteix entrenaments amb el seu *staff* i l'inseparable Vilanova, manté converses futbolístiques amb Messi i viu moments de serenor amb Naval, d'alegria espontània amb Estiarte, de treball al camp amb Ibarz, d'eufòria per triomfs especials amb Valdés i d'afecte recíproc amb Keita.

–

El técnico azulgrana valora las relaciones humanas entre todos los miembros del grupo, que siempre celebran los triunfos con corros y piñas. Comparte entrenamientos con su *staff* y el inseparable Vilanova, mantiene conversaciones futbolísticas con Messi y vive momentos de serenidad con Naval, de alegría espontánea con Estiarte, de trabajo en el campo con Ibarz, de euforia por triunfos especiales con Valdés y de afecto recíproco con Keita.

–

The Barça coach values the human relationships between all members of the group – triumphs are always celebrated dancing in rings and with group hugs. He shares training with his staff and the inseparable Vilanova; has football conversations with Messi, and experiences peaceful moments with Naval, spontaneous joy with Estiarte, on-field work with Ibarz, euphoria for special triumphs with Valdés and reciprocal affection with Keita.

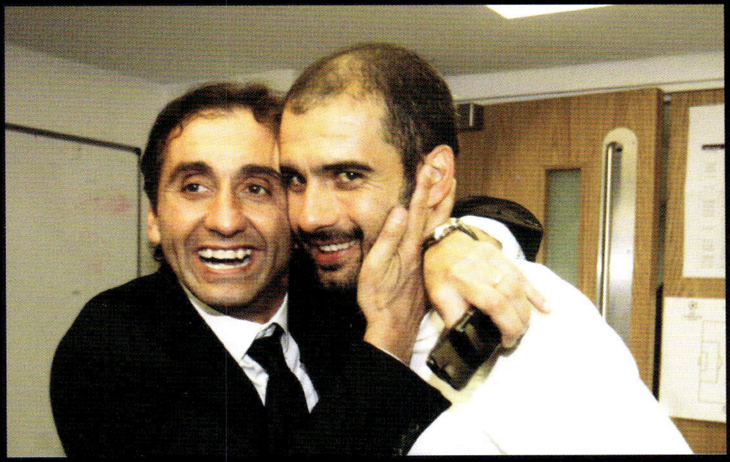

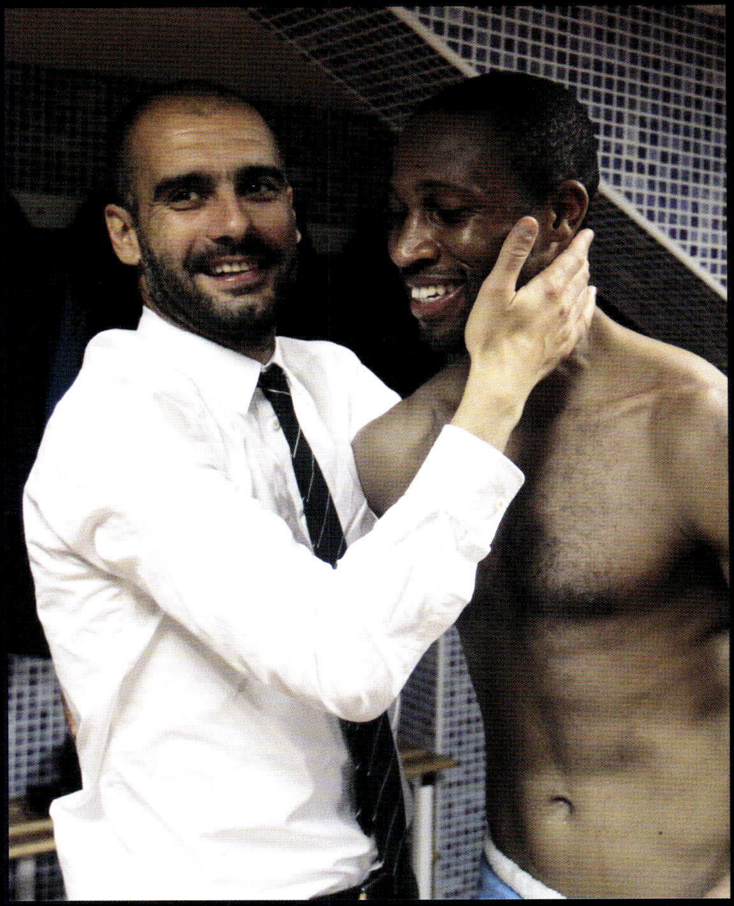

YOTA
مقدمة من
FIFA 2009
كأس العالم للأندية - الإمارات
MAXWELL

FCB

2009/2010

El llistó està situat molt alt, però Guardiola vol consolidar els principis i afrontar nous reptes. La pilota torna a ser l'essència d'una expressió futbolística, el treball aplicat i metòdic torna a ser el motor d'una trajectòria i l'emoció del Mundial de Clubs d'Abu Dhabi es converteix en el punt culminant d'una altra campanya en què s'enllacen sis copes.

–

El listón está situado muy alto, pero Guardiola quiere consolidar los principios y afrontar nuevos retos. El balón vuelve a ser la esencia de una expresión futbolística, el trabajo aplicado y metódico vuelve a ser el motor de una trayectoria y la emoción del Mundial de Clubes de Abu Dhabi se convierte en el punto culminante de otra campaña en que se enlazan seis copas.

–

The bar is set very high, but Guardiola wants to consolidate the principles and face new challenges. The ball is once again the essence of expressive football and applied, methodical work is once again the driving force of a trajectory. The excitement of the Club World Cup in Abu Dhabi becomes the climax of another season, when the club held six trophies at the same time.

LFP
unicef

bwin

El Barça competeix fins al final per la Lliga i la Champions. Encadena el segon campionat domèstic amb una altra victòria especial al Bernabéu amb gols de Messi i Pedro (0-2), però no pot superar l'Inter a la semifinal europea, una espina clavada per al futur. El Camp Nou torna a ser l'escenari de la festa final d'una campanya amb quatre títols, on brilla el primer Mundial de la història.

–

El Barça compite hasta el final por la Liga y la Champions. Encadena el segundo campeonato doméstico con otra victoria especial en el Bernabéu con goles de Messi y Pedro (0-2), pero no puede superar al Inter en la semifinal europea, una espina clavada para el futuro. El Camp Nou vuelve a ser el escenario de la fiesta final de una campaña con cuatro títulos, donde brilla el primer Mundial de la historia.

–

Barça compete to the end in the League and Champions League. They add the second domestic championship with another special victory at the Bernabéu, with goals from Messi and Pedro (0-2), but cannot overcome Inter Milan in the European semi-final, a thorn in their side for the future. The Camp Nou is once again the setting for the final celebration of a campaign with four trophies – the first World Cup in the club's history shining out among them.

La comunicació de Guardiola en tots els escenaris
La comunicación de Guardiola en todos los escenarios
Guardiola's communication in all settings

El tècnic ha demostrat un domini complet dels recursos comunicatius. En tots els escenaris, amb tots els registres, a curta i a llarga distància. Té un talent natural per traslladar el missatge als aficionats per obrir la temporada o per celebrar un títol, i per connectar amb la plantilla amb un to didàctic a la sala de reunions o amb un to més estimulant al vestidor.

–

El técnico ha demostrado un dominio completo de los recursos comunicativos. En todos los escenarios, con todos los registros, a corta y a larga distancia. Tiene un talento natural para trasladar el mensaje a los aficionados para abrir la temporada o para celebrar un título, y para conectar con la plantilla con un tono didáctico en la sala de reuniones o con un tono más estimulante en el vestuario.

–

The coach has shown complete mastery of communication resources. In all settings, in all registers, over short and long distances. He has a natural talent for putting across the message to the fans at the beginning of the season or when celebrating a trophy, and for connecting with the squad in didactic tone in the meeting room or with a more stimulating tone in the dressing room.

El Pep ha sabut adaptar-se a les circumstàncies i a les situacions imprevistes. A la foto veiem com reacciona a canvis d'última hora en l'alineació del Madrid en un partit de Copa al Bernabéu, on Altintop i Carvalho van entrar a l'equip titular i Pepe va formar al mig camp. Un bagul com a cadira i tot l'equip reunit de manera improvisada amb disposició d'escoltar atentament un missatge clar i directe.

–

Pep ha sabido adaptarse a las circunstancias y a las situaciones imprevistas. En la foto vemos cómo reacciona a cambios de última hora en la alineación del Madrid en un partido de Copa en el Bernabéu, donde Altintop y Carvalho entraron en el equipo titular y Pepe formó en el medio campo. Un baúl como silla y todo el equipo reunido de manera improvisada con disposición de escuchar atentamente un mensaje claro y directo.

–

Pep has been able to adapt himself to circumstances and to unforeseen situations. In the photo, we see how he reacts to last-minute changes in the Madrid line-up in a Cup match in the Bernabéu, when Altintop and Carvalho came into the starting line-up and Pepe played in midfield. A trunk as a chair and the whole team improvising a meeting, ready to listen attentively to a direct, clear message.

MESSI
10
unicef
14
LFP

2010/2011

La tercera temporada porta la reconquesta de la Champions. Guardiola, que va celebrar al vestidor el seu quaranta aniversari, no estalvia ni un gram de passió a la banqueta, ni en la transmissió de missatges, ni en la defensa de l'equip, com quan s'enfronta a Solbakken, tècnic del Copenhaguen. És la temporada dels quatre partits contra el Reial Madrid en només dues setmanes amb diversos títols en joc.

–

La tercera temporada es la de la reconquista de la Champions. Guardiola, que celebró en el vestuario su cuarenta cumpleaños, no ahorra ni un gramo de pasión en el banquillo, ni en la transmisión de mensajes, ni en la defensa del equipo, como cuando se enfrenta a Solbakken, técnico del Copenhague. Es la temporada de los cuatro partidos contra el Real Madrid en sólo dos semanas con varios títulos en juego.

–

The third season is devoted to the reconquest of the Champions League. Guardiola, who celebrated his fortieth birthday in the dressing room, does not hold back even a scrap of passion on the bench, putting across messages or defending the team, as when he confronted Solbakken, the Copenhagen coach. It is the season of the four matches in a fortnight against Real Madrid, with several trophies at stake.

CASILLAS
1
unicef
FCB
GUARDIOLA
40

CAMPIONS
LLIGA 2010-11

L'equip ha de lluitar per arribar al final de totes les competicions amb èxit. El Barça es troba amb el Madrid a la final de Copa, a la semifinal de Champions i en un cara a cara a la Lliga. El Barça guanya la tercera Lliga consecutiva, torna a coronar-se rei d'Europa a Wembley i, malgrat perdre la final de Copa, confirma la seva hegemonia futbolística.

–

El equipo lucha por llegar al final de todas las competiciones con éxito. El Barça se encuentra con el Madrid en la final de Copa, en la semifinal de Champions y en un cara a cara en la Liga. El Barça gana la tercera Liga consecutiva, vuelve a coronarse rey de Europa en Wembley y, pese a perder la final de Copa, confirma su hegemonía futbolística.

–

The team has to fight to reach the finals of all competitions successfully. Barça meet Madrid in the Cup Final, the Champions League semi-final and face-to-face in the League. Barça win their third consecutive League, are once again crowned kings of Europe at Wembley and, despite losing the Cup Final, confirm their dominance of football.

Les conviccions futbolístiques de Guardiola: pilota, idea i planter

Las convicciones futbolísticas de Guardiola: balón, idea y cantera

Guardiola’s footballing convictions: the ball, ideas and the youth team

Les conviccions futbolístiques del tècnic blaugrana expressen la visió blaugrana d'aquest joc. Guardiola les defensa com a patrimoni col·lectiu entre la passió i l'estudi tàctic. Els jugadors de la Masia pugen al primer equip per jugar minuts importants i sentir els títols com a propis.

–

Las convicciones futbolísticas del técnico azulgrana expresan la visión azulgrana de este juego. Guardiola las defiende como patrimonio colectivo entre la pasión y el estudio táctico. Los jugadores de La Masia suben al primer equipo para jugar minutos importantes y sentir los títulos como propios.

–

The Barça coach's footballing convictions represent the claret-and-blue view of this game. Guardiola upholds them as a collective heritage between passion and tactical study. La Masia players make important appearances, and they feel the trophies belong to them too.

V. SANCHEZ
PEDRO
unicef

27
unicef
1ª DIVISIÓN

Millor entrenador del 2011
Mejor entrenador del 2011
Best coach of 2011

El 9 de gener de 2012 Josep Guardiola va rebre de mans de l'exjugador Lothar Matthäus el premi al Millor Entrenador del Món segons la FIFA. L'any 2011 el FC Barcelona havia guanyat cinc títols en les sis competicions que va disputar.

–

El 9 de enero de 2012 Josep Guardiola recibió de manos del exjugador Lothar Matthäus el premio al Mejor Entrenador del Mundo según la FIFA. En 2011 el FC Barcelona había ganado cinco títulos en las seis competiciones que disputó.

–

On 9 January 2012, Josep Guardiola received the award for the Best Coach in the World, according to FIFA, from the former player Lothar Matthäus. In 2011, FC Barcelona had won five trophies in the six competitions they played in.

«Vull dedicar aquest premi a Tito Vilanova: el meu amic, el meu company, el meu assistent.»

«Quiero dedicar este premio a Tito Vilanova: mi amigo, mi compañero, mi asistente.»

"I want to dedicate this award to Tito Vilanova: my friend, my colleague, my assistant."

(JOSEP GUARDIOLA)

07

L’inici de l’era Vilanova
El inicio de la era Vilanova
The start of the Vilanova era

Després de cinc anys com a auxiliar de Pep Guardiola, Tito Vilanova comença una nova etapa, el seu gran repte professional: ser l'entrenador del Barça.

Des de la naturalitat, la responsabilitat i la complicitat amb futbolistes amb els quals ha compartit tots els èxits anteriors, Vilanova obre una nova era en un mateix cicle. El vestidor blaugrana continua parlant el mateix idioma futbolístic, i es mantenen les jerarquies, les rutines, els objectius, el comportament i els compromisos. Només arriben dos fitxatges perquè es manté la columna vertebral, reforçada per un ascens en bloc de joves madurs com Montoya, Bartra, Jonathan i Muniesa i les aparicions regulars de Sergi Roberto i Tello. Un dels nouvinguts, Jordi Alba, es va educar al futbol base del Barça; l'altre, Alex Song, és un gran intèrpret de l'ofici de mig centre. Vilanova s'estrena oficialment a la Supercopa contra el Madrid i l'equip manté el nivell de competitivitat que li ha donat identitat. El Madrid guanya el títol, però el Barça té opcions fins a l'últim segon malgrat jugar més de 60 minuts al Bernabéu amb deu homes. Només és el primer capítol de l'obra. A la Lliga el Barça aviat pren avantatge.

Después de cinco años como auxiliar de Pep Guardiola, Tito Vilanova comienza una nueva etapa, su gran reto profesional: ser el entrenador del Barça.

Desde la naturalidad, la responsabilidad y la complicidad con futbolistas con los que ha compartido todos los éxitos anteriores, Vilanova abre una nueva era en un mismo ciclo. El vestuario azulgrana continúa hablando el mismo idioma futbolístico, y se mantienen las jerarquías, las rutinas, los objetivos, el comportamiento y los compromisos. Sólo llegan dos fichajes porque se mantiene la columna vertebral, reforzada por un ascenso en bloque de jóvenes maduros como Montoya, Bartra, Jonathan y Muniesa y las apariciones regulares de Sergi Roberto y Tello. Uno de los recién llegados, Jordi Alba, se educó en el fútbol base del Barça; el otro, Alex Song, es un gran intérprete del oficio de mediocentro. Vilanova se estrena oficialmente en la Supercopa contra el Madrid y el equipo mantiene el nivel de competitividad que le ha dado identidad. El Madrid gana el título, pero el Barça tiene opciones hasta el último segundo a pesar de jugar más de 60 minutos en el Bernabéu con diez hombres. Sólo es el primer capítulo de la obra. En la Liga el Barça pronto toma ventaja.

After five years as Pep Guardiola's assistant, Tito Vilanova is beginning a new era – his big professional challenge – being the Barça coach.

Vilanova is opening a new era of the same cycle, based on his natural approach, his responsibility and his close relationship with footballers whose recent successes he has shared. The Barça dressing room still speaks the same football language, and the hierarchies, routines, aims, behaviour and commitments are maintained. Only two signings have arrived because the spine of the team is being maintained, strengthened by the promotion en bloc of mature youngsters like Montoya, Bartra, Jonathan and Muniesa, and regular appearances by Sergi Roberto and Tello. One of the newcomers, Jordi Alba, was brought up in Barça's youth system; the other, Alex Song, is a great performer in the job of central midfielder. Vilanova made his official debut with the Supercup against Madrid, and the team maintained the level of competitiveness which has given it its identity. Madrid won the title, but Barça had chances up until the last second despite playing for more than 60 minutes at the Bernabéu with only 10 men. It was just the first chapter of the book. And in the League Barça have soon got ahead.

A Tito no li canvia la vida, però li canvia la responsabilitat. Comença la pretemporada i Vilanova s'instal·la a la Ciutat Esportiva, on saluda Abidal, supervisa els detalls amb Carles Naval i fa broma amb Messi.

–

A Tito no le cambia la vida, pero le cambia la responsabilidad. Comienza la pretemporada y Vilanova se instala en la Ciudad Deportiva, donde saluda a Abidal, supervisa los detalles con Carles Naval y bromea con Messi.

–

Tito's life isn't changing but his responsibility is. Pre-season begins and Vilanova establishes himself at the Sports City, where he greets Abidal, oversees details with Carles Naval and has a joke with Messi.

Qatar
Foundation

Jordi Alba i Alex Song són els reforços de la temporada. El català torna a casa per complir un somni, el camerunès ho viu com una oportunitat única.

–

Jordi Alba y Alex Song son los refuerzos de la temporada. El catalán vuelve a casa para cumplir un sueño, el camerunés lo vive como una oportunidad única.

–

Jordi Alba and Alex Song are the season's reinforcements. The Catalan is returning home to fulfil a dream, while the Cameroonian sees it as a unique opportunity.

FCB

FCBARCELONA
més que un club

La nit del Trofeu Joan Gamper, com sempre, es converteix en el marc ideal per a la presentació del primer equip. Els jugadors, al davant; l'equip tècnic, al darrere, en un dia especial per a Vilanova.

–

La noche del Trofeo Joan Gamper, como siempre, se convierte en el marco ideal para la presentación del primer equipo. Los jugadores, delante; el equipo técnico, detrás, en un día especial para Vilanova.

–

As always, the night of the Joan Gamper Trophy becomes the ideal setting for presenting the first team – the players in front and the coaching team behind – on a special day for Vilanova.

«Tenim equip per intentar guanyar qualsevol partit.»

«Tenemos equipo para intentar ganar cualquier partido.»

"We've got the team to try to win any game."

(TITO VILANOVA)

SUPERCOPA
DE ESPAÑA 2012
FCBARCELONA

23.08.12
Barça 3 - Real Madrid 2

La Supercopa obre la temporada oficial al Camp Nou. Messi preocupa els defenses del Madrid, Pedro fa la rematada del primer gol davant Coentrão i Alexis disputa una pilota entre Ramos i Khedira.

–

La Supercopa abre la temporada oficial en el Camp Nou. Messi preocupa a los defensas del Madrid, Pedro hace el remate del primer gol ante Coentrão y Alexis disputa un balón entre Ramos y Khedira.

–

The Supercup opens the official season at the Camp Nou. Messi worries the Madrid defenders, Pedro finishes off the first goal watched by Coentrao and Alexis disputes a ball between Ramos and Khedira.

La tornada al Bernabéu es decideix per petits detalls. Higuaín encara Valdés i la mà de Casillas evita el perill de Messi. El Barça perd, pateix, però acaba orgullós de la seva actitud competitiva.

–

La vuelta en el Bernabéu se decide por pequeños detalles. Higuaín encara a Valdés y la mano de Casillas evita el peligro de Messi. El Barça pierde, sufre, pero acaba orgulloso de su actitud competitiva.

–

The return at the Bernabéu is decided by small details. Higuain goes head to head with Valdés and Casillas' hand prevents danger from Messi. Barça lose, but are proud of their competitive attitude.

29.08.12
Real Madrid 2 - Barça 1

Messi i Iniesta aspiren un cop més als millors premis individuals. A Mònaco, la UEFA concedeix el guardó al millor jugador del futbol europeu. Iniesta viu el seu gran moment.
–
Messi e Iniesta aspiran una vez más a los mejores premios individuales. En Mónaco, la UEFA concede el galardón al mejor jugador del fútbol europeo. Iniesta vive su gran momento.
–
Messi and Iniesta once again aspire to the top individual awards. In Monaco, UEFA presents the prize to the best player in European football. Iniesta experiences his great moment.

Messi felicita efusivament Iniesta amb Cristiano Ronaldo, l'altre aspirant, al darrere. Tots dos comparteixen el reconeixement amb Bartomeu, Rosell i Zubizarreta.

Messi felicita efusivamente a Iniesta con Cristiano Ronaldo, el otro aspirante, detrás. Ambos comparten el reconocimiento con Bartomeu, Rosell y Zubizarreta.

Messi congratulates Iniesta warmly, with Cristiano Ronaldo, the other hopeful, behind them. The two of them share their recognition with Bartomeu, Rosell and Zubizarreta.

Assistència Sanitària
SONY
TURKISH AIRLINES
seient lliure

El Barça comença la Lliga amb sis victòries consecutives que fan que s'escapi a vuit punts del Madrid. El Camp Nou viu una jornada festiva per rebre l'equip blanc, amb un gran mosaic de la senyera. El partit acaba amb empat (2-2) i es manté la diferència a la classificació.

El Barça empieza la Liga con seis victorias consecutivas y se escapa a ocho puntos del Madrid. El Camp Nou vive una jornada festiva para recibir al equipo blanco, con un gran mosaico con la bandera catalana. El partido termina en empate (2-2) y se mantiene la diferencia en la clasificación.

Barça begin the League with six consecutive victories, taking them eight points clear of Madrid. It is a festive day as the Camp Nou receives the Whites with a huge Catalan flag mosaic. The game ends in a draw (2-2) and the difference in the table is maintained.